Criminal Defense in Struggle

苦闘の刑事弁護

Wakimatsu Yoshiya

若松芳也

現代人文社

苦闘の刑事弁護

はしがき

1　刑事司法は現在、改革されようとしているようである。「ようである」と他人事のように評価しているのは真の改革の名に値するのか疑問であるからである。その改革とは、既に実施されている被疑者国選弁護、公判前整理手続、即決裁判、そして、2009年に実施予定の裁判員裁判制度等である。この改革の中には、冤罪の温床と言われる警察の留置施設（旧代用監獄）の改善策、虚偽自白の源泉である取調べ方法の是正（取調べにおける弁護人の立会権・取調べの時間規制や可視化）、誤判の大きな原因となっている伝聞証拠法則の見直し等の諸項目は、完全に脱落している。要するに、現在進行中の司法改革の主たるものは、主として迅速化のための判決手続法の一部の改革であって、冤罪の源泉として従前より指摘されてきた捜査法と証拠法の定める諸制度は、殆ど改革されず温存されることになっているのである。これでは、司法の近代化や国民の人権保障の充実発展と冤罪の防止等には、なんら寄与しないことになる。誰のための、何のための司法改革なのか、限りなく疑問を提起せざるを得ない。

2　われわれ在野法曹が冤罪の原因として指摘して来たのは、無制限に近い被疑者の取調べ、旧代用監獄の恒久化、別件逮捕の一般化、接見禁止と接見指定の乱用の普遍化、調書裁判の原則化、伝聞証拠の無限定な採用等々である。このような冤罪の根本的な原因に対して、何らの法的改善策を講じない司法改革なるものは、冤罪の防止又は国民の人権保障という観点より評価するならば、改革の名に値しないであろう。

　今後も旧代用監獄は警察の留置施設として温存され、取調の可視化を固く拒否する警察は、強固な密室の中で被疑者を自在に翻弄して取調べを敢行できることになる。その取調べの実態は、自白を証拠の女王とする封建時代の拷問的取調べと変わらない。これは誇張ではない。過去の死刑囚再審4事件を挙げるまでもなく、最近、2007年に報道された、死刑求刑がされていた福岡

県北方市の無罪判決、鹿児島県志布志市における12人の公選法違反の全員無罪判決、服役出所後に真犯人が現れた富山県の再審無罪判決等においては、いずれも強要された虚偽自白が大きな問題とされている。

　警察は、被疑者との信頼関係を築くためには、録音・録画等の取調べの可視化は取調べの障害になると強く反対しているが、現実には密室の取調室で築かれた被疑者と取調官との奇妙な信頼関係の中で虚偽自白が生まれて、冤罪者が続々と発生しているのである。また、無罪判決がなされても、多くの場合、警察は「捜査が適正であった」と弁明しているが、この弁明によれば、日本では「適正な捜査」によって、冤罪が生まれているということになる。このような現実の信頼関係なるものを捜査機関はいかに理解しているのであろうか。私には権力の偽善としか思われないが、このような日本の刑事司法の冤罪生成の構造的システムの恐怖を、国民は忘れてはならない。

3　本書に収録した論説は、主に平成になってから公表したものであり、いずれも刑事弁護実務の中で思索したものを論説化したものである。全て捜査法領域に関する論説であるので、捜査法関係の改革が今回の司法改革の中でも取り残されたため、公表当時の内容を大きく改訂する必要性のないものばかりである。従って、本書は捜査法の改革がない限り、刑事弁護の実務の参考となるものと信ずる。今回の刑事司法改革が実行されたとしても、捜査法と証拠法が是正されない限り、刑事裁判の形骸化や人質司法は改善されないであろう。今後も、刑事弁護は苦闘を余儀なくされるであろう。

4　研究者はどうであろうか。研究者の多くは、今回の限定的な改革を支持しているようである。政府の審議会では、警察の作成した意見を読み上げている学者委員もいる、と聞く。冤罪の生成過程を深く研究することもなく、司法官僚に追従する研究者もいる。真の実務の深奥も考察することもなく、捜査実務や判例理論を無条件に擁護している研究者については、前記のとおり時代錯誤的又は封建的な理論から脱却できずにいるというほかなく、その法社会学研究の未熟性の表れというほかない。

私は、かつて、接見交通問題に関する成書を公刊し、学説は接見問題について未熟であると厳しく批判した（拙著『接見交通の研究――接見活動の閉塞状況の分析と展望』〔日本評論社、1987年〕1頁）。しかし、21世紀の現在においても、未熟なままの学説が多いようである（刑法雑誌46巻2号〔2007年〕286頁参照）。刑事法理論において憲法理念及び国際人権法理念に即した真正にして豊かな理論の発展のためには、誠に残念というべきである。
　本書は、このような実務や学説の不条理な部分を摘出して批判したり、実務の現状の矛盾を報告して、その是正を訴えるものである。

5　今年で、私の弁護士生活は37年になるが、それは、これまで述べてきたように苦闘の歴史そのものである。この中で、多くの方から物心両面にわたる支援と貴重な助言をいただいた。本書は、それなくして実現できなかった。ここで、そのお名前をすべて記して感謝申し上げることは断念せざるを得ない。
　なお、原稿整理・校正の労をとっていただいた事務局の中塚和喜さんと村岡美奈さん、出版を快諾していただいた現代人文社の成澤壽信さんに、こころより感謝をささげたい。最後に、現代人文社の桑山亜也さんには大変お世話になった。旧論説の訂正や配列、資料の補充等について適切な助言を戴き、いくつかの補正をした。このようにして本書が出版されることになったものであり、ここに改めてご尽力を記して深く感謝する。

2007年9月

若松　芳也

初出一覧

第1部

第1章「苦悩の刑事弁護と混迷の判例」季刊刑事弁護14号(1998年7月)10〜18頁

第2章「被疑者取調べの実情」第32回人権擁護大会シンポジウム第一分科会基調報告書「刑事裁判の現状と問題点——刑訴法40年・弁護活動の充実をめざして」(日本弁護士連合会、1989年9月)65〜84頁

第3章「取調べにおける弁護活動」第34回人権擁護大会シンポジウム第一分科会基調報告書「刑事裁判の活性化を求めて——被疑者の弁護を受ける権利を保障するために」(日本弁護士連合会、1991年11月)

第4章「私の被疑者弁護事例の攻防」京都弁護士会刑事弁護委員会「刑事弁護ニュース」27号(2001年3月)6頁

第2部

第5章「最高裁判例をめぐって混迷を深める接見交通」自由と正義50巻2号(1999年2月)134〜143頁

第6章「接見禁止決定と文書の授受」京都弁護士会刑事弁護委員会「刑事弁護ニュース」30号(2002年3月)1〜2頁

第7章「不条理な刑訴法39条3項を削除せよ」柳沼八郎=若松芳也『新 接見交通権の現代的課題——最高裁判決を超えて』(日本評論社、2001年)264〜280頁

第8章「最近の接見妨害の原典について——『接見指定20講』と『留置業務ガイダンス』の問題点」京都弁護士会会報383号(2003年9月)18〜21頁

第9章「裁判所における違法な接見指定制度を是正させる」京都弁護士会刑事弁護委員会「刑事弁護ニュース」41号(2005年12月)11〜14頁

短　評「接見は自由になった?——アンケートから見た最近の弁護人接見」京都弁護士会刑事弁護委員会「刑事弁護ニュース」3号(1990年12月)11〜12頁

第3部

第10章「勾留に代わる観護措置の取消を求める準抗告が認められた事例」京都弁護士会刑事弁護委員会「刑事弁護ニュース」40号(2005年8月)10〜11頁

第11章「鑑定もなく公判一回の結審で心身耗弱を理由に刑を減軽した例」京都弁護士会刑事弁護委員会「刑事弁護ニュース」36号(2004年3月)7〜9頁

第12章「ビデオリンク方式による証人尋問」京都弁護士会刑事弁護委員会「刑事弁護ニュース」31号(2002年8月)3〜4頁

第13章「ひき逃げ中学生の誤認逮捕事件」自由と正義40巻11号(1989年11月)119〜123頁

第14章「少年に対する刑事補償・費用補償について」青法協京都支部ニュース(1991年9月)14〜15頁

第15章「刑事補償及び費用補償について——補償を受けない冤罪者たち」京都弁護士会会報256号(2000年4月)39〜43頁

第16章「違法収集証拠排除の論理と弁護活動」京都弁護士会刑事弁護委員会「刑事弁護ニュース」33号(2003年3月)4〜5頁

第17章「被告人の勾留場所変更請求権について」京都弁護士会刑事弁護委員会「刑事弁護ニュース」44号(2006年12月)10〜13頁

第18章「保釈をめぐる弁護活動」日本弁護士連合会刑事弁護センター『逮捕・勾留・保釈と弁護』(日本評論社、1996年)60〜72頁

第4部

第19章「量刑に関する事例報告と考察——量刑は適正になされているか。」京都弁護士会刑事弁護委員会「刑事弁護ニュース」25号(1999年3月)1〜5頁

第20章「オウム真理教をめぐる捜査の問題点について」京都弁護士会報240号(1995年7月)46〜48頁

短　評「オウム事件における警察捜査の消極性と積極性」青年法律家299号(1995年11月)5〜6頁

第5部

第21章「米英の刑事司法見聞録」京都弁護士会刑事弁護委員会「刑事弁護ニュース」19号(1994年9月)3〜6頁

第22章「司法改革をめぐる論争のあり方について」京都弁護士会四一会「四一回通信」48号(2001年12月)1〜3頁

第23章「刑事司法改革の問題状況」京都弁護士会刑事弁護委員会「刑事弁護ニュース」34号(2003年7月)4〜5頁

第24章「被逮捕者の警察留置場における留置処遇についての立法は必要ないのか」日本弁護士連合会「拘禁二法案対策本部ニュース」71号(1998年1月)5〜7頁

第25章「監獄法改廃に関する反対運動について——冤罪の温床を公認した法案に反対しない日弁連」人権タイムス248号(2006年11月)6〜8頁

第26章「刑事の即決裁判手続について」京都弁護士会刑事弁護委員会「刑事弁護ニュース」35号(2003年11月)1頁

『苦闘の刑事弁護』目次

はしがき　ii
初出一覧　v

第1部　被疑者弁護を闘う

第1章　苦悩の刑事弁護と混迷の判例　2
　Ⅰ　はじめに　2
　Ⅱ　判例で非難された闘争的弁護活動の事例　3
　Ⅲ　消極的弁護活動が批判された事例　12
　Ⅳ　妥協的弁護活動の問題例　15
　Ⅴ　混迷の判例　18

第2章　被疑者取調べの実情　21
　Ⅰ　40年の総括　21
　Ⅱ　現状と問題点　27
　Ⅲ　改善策　38

第3章　取調べにおける弁護活動　46
　Ⅰ　はじめに　46
　Ⅱ　取調べに対する心構えと応答　47
　Ⅲ　取調べ拒否の可否　49
　Ⅳ　供述拒否権・署名押印拒否権・供述訂正権の擁護　50
　Ⅴ　自白強要から被疑者を弁護するにはどうすればよいか　51
　Ⅵ　別件逮捕と弁護　52
　Ⅶ　取調べ立会権の展開　52

第4章　私の被疑者弁護事例の攻防　66
 Ⅰ　はじめに　66
 Ⅱ　不起訴事件数について　66
 Ⅲ　解任事例　67

第2部　接見交通権をめぐる攻防

第5章　最高裁判例をめぐって混迷を深める接見交通　70
 Ⅰ　はじめに　70
 Ⅱ　学説における問題状況　71
 Ⅲ　下級審判例における問題状況　75
 Ⅳ　捜査実務における問題状況　77

第6章　接見禁止決定と文書の授受　83
 Ⅰ　はじめに　83
 Ⅱ　問題の所在　83
 Ⅲ　接見禁止決定の効力の相手方と範囲　84
 Ⅳ　おわりに　86

第7章　不条理な刑訴法39条3項を削除せよ　88
 Ⅰ　時代錯誤の最高裁大法廷判決　88
 Ⅱ　不条理な接見指定実務の理論運用　92
 Ⅲ　刑訴法39条3項の削除の必要性　98

第8章　最近の接見妨害の原典について
 ——「接見指定20講」と「留置業務ガイダンス」の問題点　107
 Ⅰ　「接見指定20講」と「留置業務ガイダンス」について　107
 Ⅱ　「接見指定20講」の問題点　107
 Ⅲ　「留置業務ガイダンス」の問題点　110

第9章　裁判所における違法な接見指定制度を是正させる　113
 Ⅰ　名古屋地方裁判所の仮監における弁護人接見の実態　113

Ⅱ　裁判所からの回答　115

　　　Ⅲ　幻に終わった第4次若松接見妨害訴訟　117

短　評　接見は自由になった？
　　　　──アンケートから見た最近の弁護人接見　119

第3部　試行錯誤の刑事弁護

第10章　勾留に代わる観護措置の取消を求める
　　　　準抗告が認められた事例　122

　　　Ⅰ　はじめに　122

　　　Ⅱ　少年の被疑事実について　122

第11章　鑑定もなく公判1回の結審で
　　　　心神耗弱を理由に刑を減軽した例　126

　　　Ⅰ　事実の経過　126

　　　Ⅱ　本件の争点　127

　　　Ⅲ　被告人の責任能力について　128

　　　Ⅳ　本判決の評価と感想　130

第12章　ビデオリンク方式による証人尋問　131

　　　Ⅰ　はじめに　131

　　　Ⅱ　ビデオリンク方式による証人尋問の経過　132

　　　Ⅲ　2号書面の証拠調請求の却下　133

第13章　ひき逃げ中学生の誤認逮捕事件　134

　　　Ⅰ　事件の概要　134

　　　Ⅱ　本件における問題点　136

　　　Ⅲ　本件の真相　137

　　　Ⅳ　捜査上の誤り　139

　　　Ⅴ　Bの審判廷における証言　140

　　　Ⅵ　本件捜査の影響　142

第14章　少年に対する刑事補償・費用補償について　145

第15章　刑事補償及び費用補償について
　　　　──補償を受けない冤罪者たち　148

　Ⅰ　はじめに　148

　Ⅱ　司法統計等にみる刑事上の補償状況　149

　Ⅲ　私の弁護事例における刑事上の補償事例　152

第16章　違法収集証拠排除の論理と弁護活動　155

　Ⅰ　違法な捜査活動を助長する最高裁の論理　155

　Ⅱ　私の弁護事例　156

　Ⅲ　違法捜査の限界を走る覚せい剤事件捜査　158

第17章　被告人の勾留場所変更請求権について　160

　Ⅰ　問題の所在　160

　Ⅱ　勾留場所変更請求権の有無に関する学説判例の状況　161

　Ⅲ　職権による勾留場所変更について　162

　Ⅳ　私の最近の事例　162

　Ⅴ　結語　165

第18章　保釈をめぐる弁護活動　166

　Ⅰ　保釈の意義と効用　166

　Ⅱ　保釈の実務　167

　Ⅲ　保釈請求却下決定に対する対策　172

　Ⅳ　保釈許可をめぐる問題　175

第4部　異常なる捜査と量刑の現状

第19章　量刑に関する事例報告と考察
　　　　──量刑は適正になされているか　178

　Ⅰ　はじめに　178

　Ⅱ　統計分析　179

Ⅲ　異常な量刑例と量刑論の現実　184

第20章　オウム真理教をめぐる捜査の問題点について　188

　　　Ⅰ　はじめに　188

　　　Ⅱ　新聞に報道された問題と思われる事例　188

　　　Ⅲ　違法性を疑われる強制捜査に関する報道　189

　　　Ⅳ　問題点　191

短　評　オウム事件における警察捜査の消極性と積極性　193

第5部　「刑事司法改革」批判

第21章　米英の刑事司法見聞録　196

　　　Ⅰ　はじめに　196

　　　Ⅱ　米国の刑事司法　197

　　　Ⅲ　英国の刑事司法　199

第22章　司法改革をめぐる論争のあり方について　203

　　　Ⅰ　司法改革をいかに受容するか　203

　　　Ⅱ　法曹人口の増加について　204

　　　Ⅲ　司法の民主化と国民参加について　205

　　　Ⅳ　われわれは、本意見書にいかに対応すべきか　206

第23章　刑事司法改革の問題状況　208

　　　Ⅰ　はじめに　208

　　　Ⅱ　刑事司法改革の大きな問題点　208

　　　Ⅲ　裁判員制度と刑事訴訟の改革　209

　　　Ⅳ　被疑者の公的弁護制度　210

第24章　被逮捕者の警察留置場における
　　　　　　留置処遇について立法は必要ないのか　211

　　　Ⅰ　はじめに　211

　　　Ⅱ　留置場における被逮捕者留置と処遇　212

第25章 監獄法改廃に関する反対運動について
——冤罪の温床を公認した法案に反対しない日弁連　215
　Ⅰ　はじめに　215
　Ⅱ　日弁連の態度の自己矛盾　216
　Ⅲ　おわりに　220

第26章　刑事即決裁判手続について　222
　Ⅰ　被告人に有利な簡易刑事裁判手続の必要性　222
　Ⅱ　即決裁判手続の提案内容について　223
　Ⅲ　即決裁判手続の問題点　224
　Ⅳ　おわりに　226

第1部
被疑者弁護を闘う

第1章　苦悩の刑事弁護と混迷の判例

I　はじめに

　最近における被疑者および被告人に対する弁護活動は、沈滞と改革の理念の狭間のなかで、深刻に苦悩し、挫折と栄光に、風にそよぐ葦のごとく揺れているように思われる。

　多くの弁護人は、事実を争えば保釈の許可を得ることも困難であり、また、事実を争ったとしても無罪判決を得る可能性はきわめて少ないという厳しい現実のなかで、迷いつつも妥協的な弁護活動を余儀なくされており、時には極力争うことを回避して情状弁護のみに徹することにしているのではなかろうか。妥協的弁護活動にせよ、闘争的弁護活動にせよ、最終的には依頼者の利益になるものと考えて各弁護人が厳しい諸般の状況のなかで、最善の選択をしてその実践をしていることであろう。

　日弁連の決議においても、「とりわけ刑事事件における公平な裁判と適正な手続の確保のため、あらゆる障害に屈することなく、最善をつくすことが弁護人の最も重大な使命である」（1979〔昭和54〕年5月26日の第30回総会決議）と宣言している。ところが、何が最善なのか、ということは、状況によっては必ずしも明確なことではない。

　私は、約10年前に刑事弁護が沈滞荒廃していることを指摘して、起訴前弁護の活性化の波紋を起こしたいと念じて、拙著を公刊したことがある（拙著『接見交通の研究——接見活動の閉塞状況の分析と展望』〔日本評論社、1987年〕はしがき参照）。

　その後、平成になってからの刑事弁護活動の改革に向けての組織的な活動（例えば、日弁連の「刑事司法改革の実現に向けてのアクション・プログラム

の策定」自由と正義44巻12号〔1993年〕174頁）や、ミランダの会の会員による取調立会権の実現をめざす個別弁護活動の実践（ミランダの会編著『ミランダの会と弁護活動――被疑者の権利をどう守るのか？』〔現代人文社、1997年〕参照）、接見交通権の確立実行のための活動（柳沼八郎＝若松芳也編著『接見交通権の現代的課題』〔日本評論社、1992年〕参照）、在野法曹による憲法的な刑事手続の研究（憲法的刑事手続研究会編『憲法的刑事手続』〔日本評論社、1997年〕参照）等にみられるように、多様な弁護活動の理念の進展と実践の拡大充実が、徐々にではあるが図られるようになった。しかし、どうしようもないほど刑事裁判の形骸化・空洞化が進んでいるなかでの正当なる弁護活動の実現は、いまだに複雑困難にしてきわめて厳しく、正義の回復に呻吟し、苦悩に満ちているのである。妥協的弁護または闘争的弁護のいずれにしても、あるときは非難されたり、あるときは賞讃されたりして、その評価は一定したものがないのである。以下においては、他人の弁護事例を批判することもあるので心苦しいところもあるが、平成になってからの判例等にあらわれた弁護活動のいくつかの問題事例を報告分析して、限りなく苦難に満ちた弁護活動のあり方を率直に考察して私見を述べてみたい。

II 判例で非難された闘争的弁護活動の事例

事例

　判決等において個別の闘争的な弁護活動を批判された例には次のようなものがある。

判例①　当番弁護士が弁護人に選任されて、被疑者のために黙秘を勧め、かつ、勾留理由開示や各種の準抗告をしたことは有害無益であると批判された例（強姦致傷事件、東京地裁平6・12・16判決、判例時報1562号154頁）

　「被告人は、逮捕されるや直ちにいわゆる当番弁護士を弁護人に選任し、その弁護人の強い勧告に従い、捜査官に対しては終始黙秘権を行使し、勾留質問や勾留理由開示法廷で否認供述をしたものであること、右弁護人は、勾留に対する準抗告申立、勾留期間延長に対する準抗告申立、勾留理由開示請求、警察

官のワゴン車等の差押処分に対する準抗告申立を順次行い（各準抗告はいずれも理由がないとして棄却されている）、外見的には精力的に弁護活動をしていることが認められる。しかし、当番弁護士による右のような準抗告の申立は、当時としては全く認容される見通しがなかったものであり、黙秘の勧めを中心とするこのような弁護活動は、当時としては被告人に変な期待を持たせると共に、検察官による公訴提起を招き寄せる効果しか有しなかった、まさしく有害無益なものであったと評せざるを得ない。被告人は起訴後、藤本、佐々木、両弁護士を弁護人に選任したのであるが、捜査段階から、本件のような刑事事件の捜査・公判につき的確な見通しを立てることが出来る両弁護士が一人でも弁護人に選任されていたとすれば、本件はこのような帰趨をたどらず、被告人がこれほどの苦痛を受けることもなかったであろうと惜しまれるところである。」

判例②　弁護人が覚せい剤使用の被疑者に対して、供述調書に対して署名押印しないように教示したことや、公判において各種の異議の申立てをしたことが不相当であると批判された例（覚せい剤取締法違反事件、浦和地裁越谷支部平9・1・21判決、判例時報1599号154頁）

　「これに加えて、弁護人の弁護活動は、例えば、被告人に対し、検察官調書、警察官調書について、弁護人の立会いのない限り署名押印をしないよう指示したり（このような弁護活動が一般化すると、否認事件における捜査側の被疑者に対する取調べが全く無意味になるおそれがある。）

──中略──

不当といえる誘導訊問をし、同証人からＡに打たれたという供述を引き出してからは、被告人が覚せい剤を使用していると告白したことを前提とした検察官の反対訊問のみならず、補充訊問に対しても、異議を申し立てたり、

──中略──

弁護人は、予備的訴因の追加請求に対する意見を求められながら、意見を述べず、予備的訴因の追加につき殊更に、釈明を求め、釈明しないことに対する異議等を申立てている（予備的訴因の追加の許可決定は、このように弁護人に意見を述べる機会を与えたうえでのものであるし、弁護人の意見内容も、異

議申立ての際に改めて考慮しているのであるから、もとより適法なものであると思料する。）。これらの弁護人の弁護活動は、相当とは言い難く、このような弁護活動によって、被告人ないしは被告人側証人から真実性のある供述が得られるとは思われない。」

判例③　弁護人の立会なき限り取調べに応じない旨の夫婦げんかにおける暴行の被疑者に対する弁護人の指導が判決で批判された例（暴行事件、浦和地裁平9・8・19判決、判例時報1624号152頁）

「被告人が本件で正式の公判請求されるに至ったについては、本件自体の既述のとおりの犯情の悪質性のほか、被告人が拒否したため、被告人からの事情聴取ができず、そのため改悛の情など通常被告人にとって有利と思われる証拠の収集も十分できないまま公訴の提起をせざるを得なかった旨渋谷が証言しているように、被告人が弁護人の立会いがなければ取調べに応じないとの態度を明らかにしたことから、捜査官において、特に本件に至る経緯ないし動機に関し被告人側からも事情を聴取し、事件の真相を吟味していくという作業がほとんどできなかったこともその一因となっていると言うべきである。右のような事態は、捜査官からの任意出頭の要請等に対してこれを拒絶し続けた被告人自身の姿勢、態度がもたらした結果ともいえるが、前述の捜査の経過等に照らせば、被告人に対する取調べに弁護人の立会いを求めることを助言し続けた高野の活動のあり方にその原因があったことは否定できない。

——中略——

しかし、右のような被告人、弁護人の対応は、弁護人の立会いが認められなければ結局取調べ拒否するというものであって、その当否はさておき、依頼人である被疑者、被告人による解任又は弁護人自らの辞任の意思表示により、以後の責任と事件とのかかわりが法的に一切終了することになる弁護人とは異なり、当該事件について終局に至るまでの捜査、訴追、公判維持等に関する権限と責任を国民から付託された警察官及び検察官においては、もとより被告人（被疑者）及び選任された弁護人の意向、立場にも十分配慮し行き過ぎのないようその職責を遂行すべきことは当然であるが、職責を適正かつ迅速に果たすため、所定の要件の存在と手続を経た上、被告人（被疑者）及び弁護人の意

向に反してその職責を完遂することも、刑事事件の性質上法の当然是認するところである。

——中略——

　高野は、すべての事件について、弁護人が立ち会わなければ、取調べは許容されないというわけではないと述べているところ、関係証拠からみて被告人が暴行の事実自体を認めている本件において何故に弁護人の取調べへの立会いを求めこれに固執しなくてはならなかったのか理解しがたいが、高野は、取調べを、あるいは出頭を拒否しているうちに逮捕されるのではないかという危惧は、このケースについては、私は全く危惧していなかった、いずれかの段階で、私が立ち会って取調べを受けることになるだろうというふうに、私は予測していた旨述べ、他方本件では前叙のとおり、それぞれ十分な理由と必要性があって適法に逮捕・勾留され、公判請求されていることを考えると、高野も自認しているように、明らかに甘い見通し、判断であったといわざるを得ない。

——中略——

　高野が、一方で弁護活動は被告人のために行われるべきであると述べながら、他方では右のように述べて本件の帰すうを弁護人としての勝利ないし敗北として位置づけ展開してきた本件弁護活動の当、不当はさておき、そのことが一因ともなって、被告人が本件で弁護人に真に期待したところが奈辺にあったかはいざしらず、被告人に対する身柄拘束の理由及び必要性が解消されず、また捜査官において被告人側からの証拠の収集も十分できないまま、結果として、長期間身柄を拘束され、公判請求されるところとなったものと言わざるを得ないから、弁護人らがこれらの事情を不問に付して本件を専ら検察官による弁護人及びミランダの会の活動に対する報復と論難することは本末転倒と言うほかはない。」

判例④　特別弁護人の積極的な訴訟活動がその許容範囲を大きく逸脱しているとして特別弁護人の選任許可が取り消された例（道路交通法違反事件、広島地裁平9・9・26決定、判例集未搭載）

「右特別弁護人は、これまで弁護士たる国選弁護人をさしおいて、自ら訴訟手続きに関し訴訟法上の見解を提出して、訴訟遂行に関する訴訟活動をし

（1995年7月5日付最高裁判所に対する補充意見書、同年10月9日付当裁判所に対する意見書、同年11月7日付当裁判所に対する抗告申立書、同年11月20日付当裁判所に対する意見書、同日付最高裁判所に対する特別抗告状、同月21日付当裁判所に対する公判調書記載申立書、1996〔引用者注：7の誤記と認める〕年1月10日付当裁判所に対する申入書、1997年1月5日付広島高等裁判所に対する抗告申立書、同月27日付最高裁判所に対する特別抗告状及び同月20日付当裁判所に対する期日変更申請書等）、あまつさえ被告人とともに国選弁護人の解任請求をし（1997年1月28日付当裁判所に対する国選弁護人解任申立書）、果ては自己が単独で訴訟活動をなし得るために簡易裁判所への移送を求める管轄移転の請求を被告人とともに行った（1997年2月3日付広島高等裁判所に対する管轄移転請求書）。

　特別弁護人は、一般の弁護士たる弁護人と同一権限を有するものであるが、本来の訴訟活動をなすべき弁護士である弁護人が付せられている場合における特別弁護人の役割は、当該事件についての専門的知識、経験に基づき、弁護士たる弁護人の弁護活動を補完することにある。本件において右特別弁護人に期待される活動は、前記の測定機器の構造やメカニズム、道路の傾斜や凹凸と走行車両の相互関係等における自然科学的専門的知識を活用してなすべき弁護活動であるところ、前記の右特別弁護人の訴訟活動は、その域を大きく逸脱している。」

検討

　上記判例のうち判例①は、起訴前は当番弁護士が弁護人に選任されたが公判後は別の弁護人が選任されて無罪となった例であり、判例②と判例③はミランダの会代表である高野隆弁護士の例であり、判例②は懲役1年6月の実刑、判例③は検察官が求刑した罰金20万円の判決でいずれも控訴され、判例④はスピード違反の調書偽造が疑われる当時一審係属中であった道路交通法違反事件における特別弁護人の例である。

　判例①は、弁護人が黙秘権の行使を勧めたり、勾留理由開示請求や勾留に関する準抗告をしたことは有害無益であったというものである。そして、起訴後

に選任された弁護士については、「捜査・公判につき、的確な見通しを立てることが出来る両弁護士」としている。

　起訴前の弁護人は、強姦致傷で逮捕勾留されている被疑者について、和姦であるので無罪であると確信して、刑事訴訟法上において認められた各種の防御の手段をできるだけ遂行して、起訴されずに釈放されることを狙ったものであろうと推測される。しかし、起訴された。そこで判決は結果論として「当時としては被告人に変な期待を持たせるとともに、検察官による公訴提起を招き寄せる効果しか有しなかった」と決めつけているが、このような批判は、何を根拠にしているのであろうか。

　黙秘して争えば起訴されるのは当然であり、起訴前において和姦の事実を捜査官に供述しておれば起訴されないで終了していた、ということであろうか。仮にそうであるとするならば、捜査官はいつも被疑者の真実の弁明を受け入れている、という実に現実離れした捜査官に対する信頼感が裁判官にあるものというべきである。いかに真実の弁明でも、容易に捜査官に信じてもらえない場合が多いことは、後記判例⑤の冤罪の例および判例⑦の124人の無罪を出した公職選挙法違反事件の例でも明らかであろう。

　上記強姦致傷の例において、仮に被疑者が起訴前に和姦の供述をしても、弁護人の立会いもない糺問的取調べのもとにおいては、強姦になるような供述調書を作成される危険性のほうが高いと思われる。そして、いったん意に反する自白調書を作成されると、公判においては、その任意性と信用性が否定されることがきわめて稀であるというわが国の公判実務を併せ考えると、この場合には、黙秘するほうが最善の方策であったとも考えられるのである。

　起訴前において、自白せずに黙秘したからこそ、被告人は公判においては、起訴前の「自白」にこだわることもなく、真実の和姦の供述をして容易に無罪の判決を得ることができた、と判断することもできるのである。少なくとも、本件の起訴前の弁護活動を有害無益と断定することは、裁判官において糺問的捜査と対抗する弁護活動の意義をまったく理解していない結果のように思われる。認容される可能性のない準抗告は無益であるというが、日本における準抗告の認容率はきわめて少ないことは裁判の形骸化を示す現象の一つとして周知のと

おりであるから、認容の可能性が少ないからという理由で不服な処分に対して準抗告もしないならば、なおいっそう裁判の形骸化を促進するとともに被疑者の人権侵害は野放しとなろう。したがって、仮に認容の可能性が少ないとしても、裁判の形骸化を微少でも防止するためには、不服な勾留処分等については必死になって準抗告等を積極的にすべきであると私は考えている。

　もちろん、上記判例①の事例において、被告人が起訴前において取調官に対して積極的に和姦の供述をしたところ、これが信用されて不起訴に至る場合も考えられないことはないが、それは被疑者が真実の供述を貫くことができるようにテープ録音や弁護士の立会いが認められたうえで、取調官の取調状況が偏見なく公正にして、かつ供述に対する強要性がまったくない場合であろう。逮捕された被疑者に対するこのような平穏な取調べは、被疑事実を否認する多くの場合には、日本において存在しない、というのが私の実務上の認識である。

　判例②と判例③の例は、弁護人の立会いを認めないかぎり被疑者の取調べに応じず、かつ、その供述調書に対する署名押印に応じない、というミランダ方式による弁護方針を貫いた弁護事例である。判決は、このような弁護活動が一般化すると、否認事件における被疑者取調べは無意味になるとか、事案の真相の解明はされないとかいうが（この批判は、検察官のミランダの会に対する批判と同類である）、その根拠はどこにあるのか理解に苦しむ。

　私は、否認事件であれ、自白事件であれ、できるかぎり弁護人の立会いのうえで捜査側が取調べをしたほうが真相に近い任意の供述が得られるとともに、かつ、公判では任意性を争うことも少なく迅速な裁判をできると確信するものであるが、この私の確信は間違いであろうか。私の確信が間違いというならば、そのことを納得できるように論証してほしい。

　判例②の判決は、否認する被疑者の場合を例示しているので、同判決によれば、裁判官は否認する被疑者の取調べは弁護人のいない密室の中で追及しなければ自白を得られないという捜査官と同一の認識を有しているようであるが、そのような取調べは黙秘権を侵害するおそれがあるとともに、むしろ、真相から離れた虚偽の自白を招くおそれが常にあるものである。多くの冤罪事件には、虚偽自白があったという厳然たる事実を忘れてはならない。判例①ないし判例

③の裁判官は日本の捜査官を無条件に全面的に信頼しており、密室における追及的取調べに対して、なんらの危惧感も有していないようである。現実に、このような刑事裁判官の多いことは否定できないところであるが、これでよいのか、と反問したい。

　私はかつて、日本における裁判官と捜査官の一体性について次のとおり批判したことがあるので、ここに引用したいと思う（拙著『接見交通と刑事弁護』〔日本評論社、1990年〕98頁）。

　「わが国の捜査官は、客観的かつ科学的な捜査について熱意が薄く、異常なまでに被疑者の自白を求めることについて執着し、被疑者に対する過酷な取調べに精力を傾注しているのが実態である。このことは捜査関係者の多くの論説によく現れている。

　このような捜査の実情を前提にして本決定をみるならば、否認している被疑者に自白させるには弁護人の接見が障害になる、と考えている捜査官の考え方に共鳴して、完全に裁判官自身が捜査官と理念的に一体化しているということができる。」

　捜査機関に対する信頼の度合は裁判官の常識的な人権感覚の問題であろうか。

　判例③の判決にも厳しい弁護人批判があるが、本件については夫婦げんかにおける暴行事案であるから起訴猶予処分で処理してもよかったと思われる。仮に公判請求が必要であったとしても、とくに弁護人の立会いが認められないかぎり取調べに応じないことが明らかであったのであるから、検察官は弁護人立会いのうえ取調べをして起訴するか、被疑者の取調べを断念して逮捕勾留せず起訴するか、のいずれかの方法をとった場合には、数回に及ぶ保釈請求およびその請求却下に対する抗告・勾留取消請求・勾留理由開示等の身柄拘束をめぐる激しい論争もなく、はるかに迅速にして公正な審判が得られたであろうと考えられる。検察実務上も、被疑者の取調べなくして公判請求することは認められている（河上和雄著『最新刑事判例の理論と実務』〔信山社、1990年〕247頁）。そのような一見して明らかに合理的な手続を履行せず、ミランダの会に対する感情的報復から強引に身柄を拘束した検察のやり方こそ非難さ

れるべきである。正義を実現すべき裁判所が弁護人の正しい理念に基づく弁護活動を一方的に非難することはまさに本末転倒ではなかろうか。

判例②と判例③の判決はただちに控訴されているが、判例②の判決は東京高裁において一審の実刑判決が破棄されて、刑の執行猶予の自判をし、弁護人批判については相当でないとして次のとおり判示している（東京高裁〔五部〕平9・9・17判決、判例時報1623号155頁）。

「しかし、原判決が不相当な弁護活動として挙げている各例も、被告人が右公判供述をするように（殊に、原審で争点となった覚せい剤の注射が強制的か否かという点について）、直接働きかけをしたというものではないので、原判決は、捜査段階及び原審公判等で見られる弁護人の弁護活動からして、その活動が被告人の供述に直接あるいは間接に影響を与え動かした可能性があるという推測の領域にとどまることについて、取り上げたものと理解せざるを得ない。そこで思うに、被告人や証人等の供述が他から影響を受けることがあるのは否定できないところであるが、供述の信用性の判断は、まず、当該供述の内容自体の検討、あるいは当該者の他の供述との比較、さらには他人の供述や他の証拠との比較などから、合理的な経験則に従ってなすべきであり、他人から影響を受けた顕著な痕跡や明白な因果関係が認められる場合は別として、他人が影響を与えた可能性があるとの推測から、それを理由に供述は信用性に欠けると判断することはたやすくなすべきでなく、ましてや影響を与えた可能性があると推測する他人の諸活動について、その当、不当を評価するようなことは、右の影響を与えたか否かの判断に多くは必要ないことであり、不適切とのそしりを免れないというべきである。原判決は前記のように、弁護人の不相当と評価できる弁護活動からして、その活動が被告人の供述に影響を与えていると判断するのであるが、影響を与えた明確な痕跡を挙げてその因果関係を指摘しているわけではないので、単なる影響を与えている可能性があるとの推測に立った判断に過ぎず、その点ですでに妥当性を欠き、ましてや弁護活動が不相当であるとの評価は、右の影響の推測をなすのにさえ不必要であるから、原判決の右説示は不必要かつ不適切というべきである。」

まことに正当な判決による判決批判というべきである。

判例④の事例は、制限速度違反を理由とする道路交通法違反事件における特別弁護人の許可が取り消された、という珍しい例である。その取消しの理由は、その決定によると、特別弁護人がなした各種の意見書の提出、各種の異議や抗告の申立および各種の請求等にあるようであるが、このような特別弁護人による訴訟上の各種の不服の申立てにみられる活発な訴訟行為について、その許可の取消しの理由とすることは許されるのであろうか。

　裁判所が当事者の不服申立てや各種請求に対して、違法不当にして理由がないと判断した場合には、すみやかにその申立てや請求を却下または棄却すればよいのであり、理由があるとするならば、相応の認容の判断を示せばよいのである。すなわち、裁判所は訴訟上の当事者の不服に対しては、裁判所の許否の判断をすみやかに示して訴訟の進行をはかればよいのである。それこそ、裁判官の能力と権限なのであり、法に従って活発な弁護活動を展開する弁護人を法廷から追放する安易なやり方は、有能にして公正な裁判所のすることではないと思われる。

　この決定によれば、国選弁護人の通常の活動以上に、特別弁護人のほうが訴訟の活性化をめざして悪戦苦闘している様子がうかがえるが、このような活発な弁護人の訴訟行為を批判して、弁護人を短絡的に公判から排斥することは、慎重であるべきであり、被告人の正当な防御権を奪い、憲法の保障する公平な裁判を受ける権利（憲法32条・37条1項）を侵す危険性があると思われる。

Ⅲ　消極的弁護活動が批判された事例

事例

　弁護人の消極的弁護活動が被告人に大きな不利益をもたらした例には次のような例がある。

判例⑤　国選弁護人が冤罪の被告人の主張を無視して、有罪を前提とした弁護活動をしたことは、懲戒事由になるとされた事例（貝塚ビニールハウス殺人事件、大阪高裁平元・12・12判決、日弁連人権擁護委員会編『事例研究誤

判Ⅳ』〔1994年〕199頁）

「そこで、被告人が無罪を主張し、かつ多々問題点のある前記被告事件の控訴審の弁護をなすに当たっては、原審記録を精査・検討し、控訴審における相被告人らの弁護人の立証活動にも留意して、原判決の事実認定の誤りや証拠の不完全性の発見に務め、原判決を破棄させるべく主張立証を尽くすことが弁護人としての当然の義務であると言わねばならない。

よって、被審査会員の前記記載の行為〔引用者注：有罪を前提とした弁護活動のこと〕は、一体として、前記Sの国選弁護人として、その『弁護を受ける権利』を実質的に保障すべき義務を怠り、弁護士に対する信用を失墜させたものと言わざるを得ず、弁護士法第五六条一項、当会会則第一一五条所定の『品格を失うべき非行』に該当し、被審査会員を懲戒するのが相当であるところ、懲戒の種別については、既に一年間の国選弁護人推薦停止の措置を受けていること等諸般の情状を考慮して、弁護士法第五七条第一号所定の戒告を選択した。」

判例⑥　弁護人が被疑者から訴えられた捜査官による拷問の事実を捜査官に対して抗議していないことが、自白の任意性を認める一つの理由とされた例（勉ちゃん誘拐殺人事件、大阪高裁平3・9・26判決、判例タイムズ832号257頁）

「被告人は右接見の際、特に中道弁護士と最初に接見した時、拷問を受けていると訴えた旨弁解するも、関係証拠に照らしても、弁護人らが捜査当局に抗議したり、検察官に移監を申し出た事実は窺われず、したがって、被告人が弁護人に対して強制、拷問などの違法な取調べが行われている旨を訴えた事実はないと推認される。」

検討

判例⑤の事例は、一審で有罪判決を受けた数人の共犯による強姦殺人の控訴審において、共犯らと一致して被告人が弁護人に対して無実を訴えているのに、その国選弁護人はこれを無視して有罪を前提とした弁護活動を行い無罪を得るための弁護活動を行わなかった例である。判決では、他の共犯らの弁護人による熱心なる無罪獲得のための弁護活動に支えられて、有罪を前提とした

弁護人の弁護を受けた被告人も含めて全員が無罪判決を受けている。
　ところで、本事例の弁護人は、なぜ、自己の担当する被告人も含めた共犯全員が無罪を訴えているのに、有罪を前提とした徹底的に消極的な弁護活動をしたのであろうか。検察司法といわれる日本の刑事裁判においては無罪を主張して争っても無罪の判決を得る可能性は少なく、かつ事実を争うと悔悛の情がないと非難されるので、一審の有罪判決を前提にした量刑不当の主張をして情状立証のみに力点を置いたほうが被告人の利益になると考えたのであろうか。このような事案においては、無罪の主張を全面的に強く展開したうえで、予備的に量刑不当の主張をすることも考えられるが、このような弁論の仕方をなぜ遂行しなかったのか。上記弁護士は、所属弁護士会より戒告の懲戒処分を受けているが、これに対する不服申立てもなく、同処分は確定しているので、当該弁護士も自己の弁護活動の非を自認していたものと思われる。
　判例⑥の事例は、弁護人が被疑者より不当な捜査活動を訴えられたにもかかわらず、これに対して、なんらの措置もとらなかった場合の事例である。不当捜査について放置した理由は不明であるが、弁護人が被疑者より不当な取調べを受けていることを聞知した場合には、これを聞き流すことなく、ただちに記録化し捜査官に対して抗議したり、勾留取消、勾留理由開示等の手続を開始すべきであろう。本事例は、判例①とは異なり、そのような積極的弁護活動を弁護人がなすべきことを示唆しているようである。
　弁護人の捜査段階における消極的姿勢が、一審の無罪判決が控訴審で破棄されて有罪となった理由の一つとされているという事実は、われわれ弁護士に対して苦い教訓を与えている。このような事例として、事実を争う被告人の意思に反して弁護人が争わず書証に同意したことが違法とされて、控訴審において一審判決が破棄されている例もある（仙台高裁平5・4・26判決〔判例タイムズ828号282頁〕、大阪高裁平8・11・27判決〔判例時報1603号151頁〕）。また、被告人が一貫して自白し弁護人も有罪の主張をしているにもかかわらず、無罪になった例もある（福岡地裁平9・5・16判決〔判例時報1617号150頁〕）。これらの事例における弁護活動の消極的なあり方も批判の余地があろう。

Ⅳ　妥協的弁護活動の問題例

事例

　弁護人が諸般の事情から妥協的弁護活動をして有罪と無罪に揺れ動いた例として次のような例がある。

判例⑦　公職選挙法違反事件において弁護人が、被疑者に対して厳しい取調べから逃れるために、共犯者と合わせた虚偽の自白をすることを教示して略式命令を得た後に正式裁判の請求をして124名の被告人の無罪判決を得た例（京極派選挙違反事件他、大阪地裁平3・3・4判決、判例時報1412号99頁。平田友三著『全員無罪──122人の選挙違反事件を追う』〔ぎょうせい、1992年〕参照）。

「同日夜、玉井弁護士は、真光教高槻お浄所に集合した真光教関係者に対し、大要次のとおり、状況を説明し、助言した。

①　このまま出頭拒否を続ければ、逮捕者が出るかもしれない。
②　出頭し、ないものはないと最後まで頑張りなさい。
③　大の男が一生懸命頑張っても、結局落とされている。あなた方が頑張っても限界がある。どうしてもだめだという人は次善の策として一応（捜査官）に合わせ、その上で正式裁判の申立てをしよう。

　　──中略──

　以上のように、弁護人から助言を受けた直後、それまでの捜査官の事情聴取に対し、頑強に4月26日会合への京極の出席を否認していた真光教関係者の多くが、捜査官に対し京極の出席や、京極及びAの京極に対する支援の挨拶があった事実を認める供述をしている事実に照らすと、右助言は、仮に真光教関係者の捜査段階における自白が真実である場合に、自白開始の端緒となり得るものであるが、仮に真光教関係者の捜査段階における自白が虚偽である場合には、虚偽の自白を開始する動機付を与えたものとして評価し得るものというべきであろう。」

判例⑧　覚せい剤使用で起訴された被告人が保釈許可を得たいために、拳銃を調達するにあたり、捜査官の紹介した弁護人がその拳銃の調達隠匿につき

一部関与した例（覚せい剤取締法違反・銃砲刀剣類所持等取締法違反・火薬類取締法違反事件、東京地裁八王子支部平4・3・16判決、判例タイムズ788号274頁）

「被告人は、翌年1月10日午前と午後の2回にわたり門上弁護人と面会したが、その折に同弁護人から、『けん銃の余罪があるために保釈が却下された。けん銃があるのなら出すようにしなさい。出せば、保釈はすぐきく。その場合は自首調書を作って貰いなさい』などと説明された。

——中略——

被告人は、けん銃をE課長代理に差し出す気持ちとなり、自らはけん銃を所持していなかったことから、住吉連合会親和会栃木一家Tに所属し自己の舎弟分であるAにけん銃を調達させることにし、その趣旨を門上弁護人に伝え、同弁護人は、E課長代理に対し、『本人がけん銃を出すと言うので自首調書を作って貰いたい。けん銃は任意提出の形にしたい。向こうの組の者が知っている者に持って来させると言っている。それが違反になるのであれば、私が持って来ても良い』などと言って、被告人の話を取り次いだ。被告人自らも、E課長代理に対し、同様の話をして、Aに面会に来るよう連絡をとって貰うことにした。

——中略——

20日会副会長Nは前記のとおり被告人から弁護人の依頼を頼まれたが、その折り、E課長代理から、『女検事の第一号で、すごい弁護士がいるので、その人を頼みなさい。』と言って、門上弁護士事務所の住所と電話番号を教えられている。」

検討

判例⑦の事例は、厳しい取調べに耐えきれない場合において、次善の策として犯行を認める「自白」をした後に、公判において争う方針を立てた弁護活動が成功（？）して無罪となった例である。

上記判決文によると、弁護人が過酷な取調べを克服するために、虚偽の自白のアドバイスをしたようであるが、このような場合をいかに評価すべきか。その辛かった弁護活動はやむをえない苦渋の選択であったとして容認すべきもの

か。過酷な取調べと闘う方法が別にあったのでないかと批判すべきか。きわめて難しい問題であり、深い事情を知らない第三者が軽率にその是非を評価できないところがある。

　しかし、この事件において、もしミランダの会の方式のような取調べに弁護人の立会いを求める弁護活動を実行していたならば、どうなっていたであろうか、と興味がわく。弁護人の立会いがなければ被疑者の取調べに応じないという実践を貫徹したならば、被疑者らは起訴されなかったであろうと予測することは、現実の暗くて厳しい捜査実務を前提にすると、判例③における弁護人批判にあるごとく、楽観的な甘い判断ということになろうか。

　判例⑧の事例は、保釈を渇望する被告人が捜査官に迎合して拳銃所持という虚偽の事件をデッチ上げて、その心証をよくすることを策謀し、そのために警察の紹介した弁護人の援助をさらに受けたものである。そして、捜査官の協力を得て保釈許可を得ることに成功している。

　ところが、被告人はけん銃所持の有罪判決に納得できずに控訴し、控訴審においてその真相を明らかにして、原判決差戻しの判決を受けて、差し戻した後の一審判決において拳銃所持について無罪判決を得ている。

　上記事例における警察推選の元検察官の弁護士の弁護活動をいかに評価すべきか。被告人の保釈許可を得る方策のために、警察の期待する拳銃摘発に協力するために虚偽の拳銃所持事案の工作に弁護士は協力してよいのか、という問題である。

　この問題の背景には日本における保釈を容易に許可しない人質司法および不明朗な捜査と司法の取引の存在があるが、弁護人の活動としては、どういうことになろうか。これについても、保釈優先という絶対的要請を前提にすると、その是非を軽々しく即断できない面もあるが、やはり虚偽の拳銃所持の工作をめぐる不公正な捜査取引に対して、弁護人は加担すべきではなかった、と私には思われる。

　この事例において、無理をして得た保釈にどのような意義があったのか。本来ならば覚せい剤事案のみで有罪判決で終わっているのに、拳銃所持について一審で有罪判決を受けたり、差戻審で無罪の判決を受けたりしたことに、ど

のような意味があるのか。不公正な捜査取引に利用されている警察の推選する検察官出身の「すごい」警察御用達の弁護士の存在自体に問題はないのか。私にはいろいろと疑問がわくところである。

V　混迷の判例

以上、刑事弁護の活動に関するいくつかの判例を通覧してみると、ある時は積極的な弁護活動が要求されたり、また、積極的活動が批判されたり、時には消極的弁護活動が要求されたり批判されたりしている。また、妥協的な弁護活動による成果に対する功罪の評価も困難な場合がある。それは、必ずしも正論が通用しない裁判所との対応のなかで、臨機応変の苦渋の弁護活動を強いられているからである。

私は、かつて刑事弁護について次のように述べたことがある（前掲『接見交通と刑事弁護』の「あとがき」より）。

「まず第一に考えられるのは、違法捜査の告発を自制し、現実の刑事手続の実務運用に妥協迎合して、寛大処分懇願弁論に徹する立場である。この場合には、弁護人の能力を特に発揮する必要もなく、無能無力な弁護士の方が安心して弁護活動が安楽にできるということになろう。絶望的な刑事裁判は、有能な良心的弁護士を刑事弁護から敬遠させる可能性が大きい。

第二に考えられるのは、現実の刑事手続の実務運用を、憲法・刑事訴訟法の理念に適合するように、不断に批判的にみつめて被疑者の人権を擁護する立場である。この第二の立場は、絶望的といわれる刑事裁判に対しては、あきらめきれずに絶望的な挑戦をすることになる。

さて、われわれ在野法曹はいかなる立場を堅持すべきであるか。絶望的な刑事裁判に対して、迎合すべきか挑戦すべきか。これは、一人ひとりの弁護士が自己の良心にしたがって、具体的事件において決定すべき問題である。一般的にいうならば、挑戦すべき場合は徹底的に闘い、迎合すべき場合はすみやかに妥協して確実に被疑者の利益を確保することであろう。いずれの場合にも苦渋に満ちた選択を迫られるものである。ところが、現実の刑事裁判では、挑戦す

べき場合においても闘争的な弁護活動をしない弁護士が多いようであり、起訴前弁護においてその点が著しい。被疑者段階での弁護人がおりながら、被疑者の虚偽自白調書の作成を防止できていない例が多いのである。これは在野法曹としては遺憾というべきであろう。」

　本稿においても、右のような感想を改める必要性を認めない。前記のとおり一審判決で批判されたミランダ方式といわれている弁護活動が、二審ではその批判を慎むべきである、という判例もある。また、学者のなかにはミランダ方式による弁護活動を擁護する学者もおり、批判する学者もいる。このように、刑事裁判と刑事弁護の双方において、後進性と先駆性が混在する複雑な現実は、わが国の判例や学説における刑事訴訟上の理論自体が近代化・国際化されず、憲法上の理念が定着できないで混迷を深めていることを示している。残念なことである。

　30年以上も前からアメリカに定着した弁護人の取調立会権を認めるミランダ・ルールが、いまだにまったく日本に実現されずにいることは、どういうことであろうか。これについて、日本の治安がよいことの代償であるという説もあるが、これは詭弁であろう。日本の治安が良好であるということが事実ならば、逮捕勾留された被疑者の人権保障をさらに拡大充実すべきであると思うが、どうであろうか。

　ミランダの会による弁護活動の実践的理論と方式は、同会の独創によるものではなく、もともと日弁連の提言する「刑事司法改革の実現に向けてのアクション・プログラム」の次のような指導に合致するものである（自由と正義44巻12号162頁〔1993年〕）。

①　否認事件、複雑・重大事件について捜査機関に立会要求をしていく。なお、取調過程全部ではなく、少なくとも読み聞けに立ち会うという方法も考えられる。
②　被疑者に、弁護人が立ち会わない以上取調べに応じないよう助言していく。弁護人は捜査官に対し、弁護人が立ち会わない以上取調べに応じない旨の内容証明を送る方法も考えられる。
③　被疑者が捜査機関に弁護人の立会いを要求したにもかかわらず、捜査

機関が弁護人の立会いを認めない場合には、被疑者に取調拒否、署名・指印拒否を助言していく。

したがって、ミランダの会の弁護方針は、上記日弁連の提唱にかかる刑事弁護上の理論を具体的に実践化する戦術として、在野法曹はこれを全面的に支援すべきものである。しかるに、日弁連がミランダの会の活動を冷淡に傍観するのみで積極的に擁護しないのは遺憾である(日弁連新聞258号〔1995年〕参照)。

とくに、上記判例①ないし判例④の裁判所の見解は、日弁連の策定した「刑事司法改革の実現に向けてのアクション・プログラム」において提言している弁護活動を否定するものであるから、このような裁判の存在に対する在野法曹の組織的な対策が必要であろう。

第2章　被疑者取調べの実情

I　40年の総括

1　戦前の取調べに関する法規制

(1)　現行刑訴法は、昭和24年元旦より施行された。大正刑訴法や明治刑訴法においては、予審判事を除く捜査権を有する捜査機関は、主として検事であり、司法警察官には、独自の捜査権限がないものとされていた(明治刑訴46条、大正刑訴246条)。司法警察官等は、捜査については検事の補佐役にすぎなかったのである(明治刑訴47条2項、大正刑訴248条)。

被疑者の取調べについて明治刑訴法94条は、「予審判事ハ被告人ヲシテ其罪ヲ自白セシムルタメ恐嚇又ハ詐言ヲ用ユ可カラス」と規定してあったのみであり、大正刑訴法においては、任意捜査についての法規制もなく、自白法則もなく、黙秘権保障もなかった。そして、身柄拘束の手段として行政検束や違警罪即決令に基づく留置を多く利用して、警察官は、過酷な拷問的取調べを行っていたことは周知の事実である。

(2)　昭和24年に施行された現行刑訴法は、司法警察職員に対しても、被疑者に対する取調べ権限を付与し(刑訴法189条、198条)、被疑者については黙秘権、弁護人依頼権、弁護人との接見交通権等を保障した。そして、任意性のない自白を証拠とすることを禁じた(刑訴法319条)。このような現行刑訴法の諸規定は、次のような警察内部の反省のうえに立っているものである。

司法制度改正審議会第二諮問事項関係小委員会第2回会議議事録要旨(昭和20年12月5日)小泉委員(内務省警保局長)の発言*1

私ハ警察側ノ者トシテ、人権蹂躙ノ声ヲ聞ク事ヲ非常ニ恐縮シテ居リマスガ、

此ノ問題ハ制度的ニ行政検束等ノ問題ガアルガ、運用ノ面カラ見ルト根本ハ矢張リ警察官ニ人権尊重ノ観念ガ不足シテ居ル為ト思ヒ、今後コノ点ニツキ注意ヲシテ行ク心算デアリマス。
　警察官ノ人権蹂躙ノ原因ト致シマシテハ、
一、裁判デ自白調書ガ根拠トシテ過重ニ評価サレルコト。
一、検事カラ自白シナイ事件ノ受理ヲ拒否サレ、其ノ為留置日数モ長クナルト云ウ様ナコト。
一、自白ノミヲ証拠トスル思想事件ノ多カッタコト。
一、検事カラ完全捜査ヲ要求サレナガラ、戦時中人員不足疲労困憊ノ為ニ遂無理ヲシタコト。
　等カラ人権蹂躙ノ問題ヲ生ズル様ニナッタノダト思ヒマス。
──中略──
　然ラバ如何ニスレバヨイカト云ウニ、司法警察官ニ合法的ナ強制権ヲ与エテ欲シイ、其ノ他被疑者留置中ヨリ弁護人ヲ関与サセルコト、被疑者ヲ留置シタ時ニ親権者等ニ通知ヲスル様ニスルコト、留置中ノ接見、信書ノ授受ヲ認メルコト、不法留置ニ対スル刑事補償ヲ認メルコト。

　警察側の幹部自身が、警察官に人権尊重の観念が不足していることを認め人権蹂躙の原因として、自白調書が過重に評価されたことを指摘し、その予防策として、司法警察官に捜査の強制権を与えるとともに、被疑者には留置中より弁護人の選任を認めて接見交通を認めることを主張していることは、注目に値する。

2　戦後の取調べに関する法規制の概観

　被疑者の取調べは、拷問・脅迫等の非人道的な手段で実行された沿革を有することは世界的な事実である。そこで、国際法においても、被疑者の取調べに関する準則が設定されており、また、日本国内においても被疑者取調べに関する法規が存する。
　以下においては、それらの法規、準則を概観する。

(1) 取調べに関する国際準則
① 市民的及び政治的権利に関する国際規約第14条
　3　すべての者は、その刑事上の罪の決定について、十分平等に、少なくとも次の保障を受ける権利を有する。
　(g) 自己に不利益な供述又は有罪の自白を強要されないこと。
② 拷問及びその他の残虐な、非人道的な又は品位を傷つける取り扱い又は刑罰に関する条約
第1条〔拷問の定義〕
　1　この条約の適用上、「拷問」とは、身体的なものであるか精神的なものであるかを問わず人に重い苦痛を故意に与える行為であって、本人若しくは第三者から情報若しくは自白を得ること、本人若しくは第三者が行ったか若しくはその疑いがある行為について本人を罰すること、本人若しくは第三者を脅迫し若しくは強要することその他これらに類することを目的として又は何らかの差別に基づく理由によって、かつ、公務員その他の公的資格で行動する者により又はその扇動により若しくはその同意若しくは黙認の下に行われるものをいう。「拷問」には、合法的な制裁の限りで苦痛が生ずること又は合法的な制裁に固有の若しくは付随する苦痛を与えることを含まない。
第2条〔拷問の防止、絶対的禁止〕
　1　締約国は、自国の管轄の下にある領域内において拷問に当たる行為が行われることを防止するため、立法上、行政上、司法上その他の効果的な措置をとる。
　2　戦争状態、戦争の脅威、内政の不安定又は他の公の緊急事態であるかどうかにかかわらず、いかなる例外的な事態も拷問を正当化する根拠として援用することはできない。
　3　上司又は公の機関による命令は、拷問を正当化する根拠として援用することはできない。
第15条〔拷問による自白の証拠能力の否定〕
　締約国は、拷問によるものと認められるいかなる供述も、当該供述が行われた旨の事実についての、かつ、拷問の罪の被告人に不利な証拠とする場合を

除くほか、訴訟手続における証拠としてはならないことを確保する。

③　あらゆる形態の抑留又は拘禁の下にあるすべての者の保護のための諸原則

原則21

　1　自白させ、その他自己に罪を着せ、又は他人に不利な証言をさせることを強制するため、抑留又は拘禁されている者の状態を不当に利用することは禁止される。

　2　抑留されている者は、取り調べられている間に、暴力、脅迫、又は決定能力もしくは判断能力をそこなう取り調べ方法を受けないものとする。

原則23

　1　抑留又は拘禁された者の取り調べの時間及び取り調べの間隔、取り調べ担当者その他立会者の氏名は、法に規定された方式により記録され確認されるものとする。

　2　抑留もしくは拘禁された者又は法により付された弁護士は、上記情報にアクセスすることができるものとする。

(2)　日本国内法規

①　憲法第36条

公務員による拷問及び残虐な刑罰は、絶対にこれを禁ずる。

　　同第38条

　1　何人も、自己に不利益な供述を強要されない。

　2　強制、拷問若しくは脅迫による自白又は不当に長く抑留若しくは拘禁された後の自白は、これを証拠とすることができない。

②　刑訴法第319条〔自白の証拠能力・証明力〕

　1　強制、拷問又は脅迫による自白、不当に長く抑留又は拘禁された後の自白その他任意にされたものでない疑のある自白は、これを証拠とすることができない。

　2　被告人は、公判廷における自白であると否とを問わず、その自白が自己に不利益な唯一の証拠である場合には、有罪とされない。

　3　前二項の自白には、起訴された犯罪について有罪であることを自認する

場合を含む。

③ 犯罪捜査規範

第168条

　1　取調べを行うに当たつては、強制、拷問、脅迫その他供述の任意性について疑念をいだかれるような方法を用いてはならない。

　2　取調べを行うに当たつては、自己が期待し、又は希望する供述を相手方に示唆する等の方法により、みだりに供述を誘導し、供述の代償として利益を供与すべきことを約束し、その他供述の真実性を失わせるおそれのある方法を用いてはならない。

　3　取調べは、やむを得ない理由がある場合のほか、深夜に行うことを避けなければならない。

第169条

　1　被疑者の取調べを行うに当たつては、あらかじめ、自己の意思に反して供述する必要がない旨を告げなければならない。

　2　前項の告知は、取調べが相当期間中断した後再びこれを開始する場合又は取調べ警察官が交代した場合には、改めて行わなければならない。

3　法規制の分析

被疑者の取調べに関する法規制を概観すると、

① 不当な取調べ方法を禁ずること
② 不当な手段によって得られた自白を証拠として用いることを許さないこと
③ 拷問をした取調官に対する制裁

等に分類することができる。

前記条約や法令において共通して明文を以て禁じていることは、自白を得る手段として、拷問・脅迫・強要等の意思の自由を抑圧する行為である。その他に、犯罪捜査規範は、「みだりに供述を誘導し、供述の代償として利益を供与すべきことを約束し」てはならない、という規定をおいている。しかし、長時間の追求的取調べや、詐術を用いること、弱点につけこむこと等については法令の

定めは存しない。しかも判例上は、被疑者の取調べについて、拷問、脅迫、強要の存在を認めることを極端に回避している場合が多く、また長時間の追求的取調べを容認している。このようにして、わが国では、自白の強要は、日常的に実務上、被疑者を警察の管理する代用監獄に拘束しつつ、被疑者に取調べ受忍義務があることを当然の前提としたうえで、公然となされているのである。その自白強要の実務の本質と構造は戦前と殆ど変わっていないのである。

4 被疑者の取調べ受忍義務について

捜査実務は、逮捕勾留した被疑者は捜査官が取調べをするに当たり、捜査官の面前に出頭する義務及び滞留する義務があることを前提に、被疑者取調べに精励している。これは刑訴法198条1項但書の解釈から当然導き出されるものであるというわけである。

しかし、最近の学説の多くは、逮捕勾留中の被疑者の取調べ受忍義務を否定している。これは、昭和30年代に唱導されたいわゆる弾劾的捜査観をとる学説の当然の帰結であろう。被疑者の取調べ受忍義務を否定する学説は、捜査段階においても当事者主義が維持されるべきであり被疑者は取調べの客体ではないこと、憲法31条が適正手続の保障を定めていること、憲法38条が黙秘権を保障していること、逮捕勾留は取調べを目的として認められるものでないこと、及び刑訴法198条1項但書は出頭拒否・退去を認めることが逮捕又は勾留の効力自体を否定するものではないことを注意的に明らかにしたにすぎないこと等の解釈から根拠づけるのである。

従って、被疑者は、逮捕勾留されていたとしても、拘禁場所から取調室に出頭する義務もなく、またいつでも取調室から退去することができるということになる。

判例においては、被疑者の取調べ受忍義務を学説の如く全面的に否定したものはなく、逮捕勾留中の被疑者は逮捕勾留された被疑事実については取調べ受忍義務があるが、余罪については、取調べ受忍義務がない、と判断している例が多い[2]。

更に学説には、逮捕勾留中の被疑者の取調べ自体が許されないとする説(沢

登佳人）もある。

　取調べ受忍義務否定説が実務の中に受容されることは、糺問的捜査観に固定している捜査実務を前提にすると相当の困難を伴うであろうが、弁護人・被疑者としては、取調べ受忍義務否定説を弁護活動の実務の中に生かす努力をする必要がある。

II　現状と問題点

1　被疑者の取調べの実態

(1)　被疑者の取調べは、主として犯罪事実についての自白を得ることを目的として実施されている。この自白獲得を目的とする被疑者取調べは、被疑者に対する暴力的な捜査活動を誘発していることは周知の事実であるが、捜査機関はそのような捜査暴力はないものと強弁している場合が多い。例えば、警察庁刑事局の編集した『捜査実務ハンドブック』（第一法規、1995年）2928頁によれば、「しかし、われわれは、新憲法の要求する人権尊重の理念を十分配慮し、その下における諸判決にも留意してきているところである。また一方、憲法の精神は教育を通して国民に浸透してきている。このような社会的、歴史的変化は、取調べの方法にも大きな変化を及ぼしたことを否定できず、『苛酷な糺問』なるものは、法上禁じられるまでもなく、警察の取調べにおいてはその生命を絶っていることは周知の事実である。」と述べている。

　上記のように、警察庁刑事局が本当に「苛酷な糺問なるものは警察の取調においてはその生命を絶っている」と信じているとするならば、警察庁刑事局なるものは、現場の生々しい取調べの実態について全く無知であると言わなければならないし、そのような取調べの実態を知らない警察庁の幹部が捜査実務を指導する論説を公表していることになり、また苛酷な糺問的取調べの実態を知悉しておりながら、あえて「苛酷な糺問」がないと弁明しているとするならば、そのこと自体の警察機構の人権感覚を疑わざるを得ない。

　警察における取調べは、現在においても、苛酷な糺問的なものであることは再審事件のみならず、通常裁判における無罪事件において裁判所が認定した

取調べ実態にもよく見受けられるところである。捜査官に期待するとおり自白しない被疑者に対する取調べにおいては、むごい程「苛酷な糺問」が実施されていることは、否認事件を弁護したことのある弁護士ならば誰でも被疑者から訴えられることである。本質的には、戦前と変わっていないのである。戦前の取調べについては、例えば次のような取調べ実態が報告されている。

①　我妻栄ほか編『日本政治裁判史録 昭和・前』(第一法規、1970年)145頁(小田中聰樹執筆部分)

　　三・一五で検挙された者に対し、警察は暴虐の限りをつくして拷問した。われわれは、その一端を小樽警察署での拷問の様子を描いた小林多喜二の小説「一九二八・三・一五」によつて知ることができる。裸にして竹刀で三十分以上も殴りつける、続けざまに何度も首をしめる……指の間に鉛筆をはさんで締めつける、逆づりにして頭を床に打ちつける、熱湯に手を入れさせる、細引で体をしばる――警察が用いたこのような拷問の手口を小林多喜二は憤りをこめて描写した。

　　このような拷問によつて「自白」させ、聴取書を作成し、起訴にまでもつていつた途端に、予審で供述を覆されることを恐れて掌をかえすように自腹で寿司をおごつたりする様子も「一九二八・三・一五」で描かれている。なお、このようにして特高の暴虐な拷問を暴露した小林は、昭和8年2月20日検挙され、3時間余にわたる拷問により同日午後7時45分虐殺された(江口渙「三つの死」中の「作家小林多喜二の死」参照)。

②　『日本弁護士沿革史』(日本弁護士連合会、1959年)244頁～
二　当局ノ認識不足

　　晩蒔キナガラ当局ガ人権尊重ニ気付イタノハ欣バシイ。然シ肝心ノ被害事実ニ付吾等ト著シク認識ヲ異ニシテ居ルノハ遺憾デアル。若シ当局ガ此認識ヲ是正シナイ限リ、当局折角ノ善心モ何等効果ヲ奏シナイコトヲ虞ル。例ヘバ此度ノ選挙取締ニ関スル塩野司法大臣ノ訓示ニシテモ『世上人権蹂躙ノ声ヲ聞クニ至ッタガ其非難ニシテ事実ニ合セズ、又故ラニ声ヲ大ニシタモノモアルケレドモ

若干事実ノ存シタルコトハ洵ニ遺憾トスル所デアル』ナドト頗ル事柄ヲ軽視シテ居ルガ、近年全国ニ発生セル人権蹂躙ノ事実ハ其調査ヲ重ネルニ従ツテ、被害事実ノ夥シイノニ驚ク。現ニ本協会ガ昨年以来取扱ツタ事件ダケデモ長野、青森、山口、群馬、千葉、神奈川、鹿児島、愛媛、東京ノ各府県ニ亘リ何レモ証拠ノ歴然タルモノガアル。中ニハ其蛮行実ニ目ヲ蔽ハシメ、突然旧幕時代ノ拷問カ地獄絵ヲ彷彿セシメルモノガアル。而シテ右各府県拷問犯罪ニ対シテハ事情ニ従ヒ或ハ警告ヲ発シ、或ハ当局ノ自粛ニ俟チ或ハ協会ヨリ告発シ夫々適当ナル処置ヲ取ツテ居ル。長野県下ノ事件ハ検事正自ラ指揮シテ断然訴追シ、遂ニ有罪ノ判決ガ確定シテ粛正ノ実ヲ挙ゲタ。神奈川県下ニ於テハ昨年到ル処ノ警察ニ拷問ノ不祥事ガ起リ、其結果被疑者ヲ自殺セシメタル実例モアル。其内浦賀警察ノ分ト藤沢警察ノ分トハ本協会ニ於テ告発シタ。其結果浦賀警察署員ハ起訴セラレ目下公判中デアルガ、過日係リ検事ヨリ重キハ懲役七ケ月、軽キモ懲役三ケ月ノ求刑ヲ受ケタ（昭和一二年四月一五日・日本弁護士協会決議）。

　上記二つの報告例は、戦前の取調べ実態の一部を伝えるものであるが、今日においても、その構造的本質（自白獲得のための拷問的取調べ、拷問の事実を隠そうとする捜査当局の習性）は変わっておらず、共通する捜査構造が多いことに気がつく。

(2)　戦後においても、戦前と同様多くの冤罪事件の被告人から拷問的取調べのあったことが明らかにされている。それらの全てをここに述べることは紙幅の関係でできないが、前記警察庁刑事局が、「苛酷な糺問はその生命を絶っている」という最近の時代における代表的な拷問的取調べ例のいくつかを次に紹介する。

判例より（昭和50年以降）
①　昭和54年発生の殺人事件（大阪高裁昭61・1・30判決、判例時報1189号134頁）

被告人Zは、1月26日夜、貝塚署へ出頭し、小さな取調室で5、6人くらいの警察官から「お前ビニールハウスやったやろう。」と言われ、やってないと答えて2、30分くらい黙っていたら、警察官からもうこっちでちゃんと分かっているんだと言って、平手で殴られ、頭を壁にぶつけられ、足を踏まれるなどの暴行を受け、仕方なく、V、W、X及びYの4人が被害者を強姦し、殺害した旨Eに述べたと同様のことを自分の思い付きでしゃべった。自分自身はやっていないと言っていたが、調書をとられて逮捕された。逮捕されてからも、その日に、髪の毛を引っ張られたり、頭を壁にぶつけられたり、蹴られたり、殴られたりされ、怖かったので自分もやったことを認めた。

　被告人Vは1月27日午前5時ころL方にいたところ、警察官が3名来て1月21日の事件を知っているだろうと言われ、当時L方にいて現場にいなかった旨否認したら、自分1人が玄関の方の部屋に連れて行かれ、手錠をはめられて正座させられ、踏まれたり、殴られたりした。それから貝塚署に連行され、広い部屋で谷村刑事から『お前やったんか。』と聞かれて、やってない旨否認したところ、髪の毛を引っ張られた。それから直ぐ泉佐野署に移され、同日から1月29日まで警察官から髪の毛を引っ張られたり、ゆかに土下座させられたり、壁に頭をぶつけられたり、正座させられて踏まれたり、蹴られたりした。取調主任の谷村からは髪の毛を引っ張られたことがある。1月29日裁判官の勾留質問を受けてから、刑事から『お前がやってないと言っても裁判官が認めたんだ。家に帰してもらえへんやろ。』などと言われ、髪の毛を引っ張られたり、殴られたりしたので、嫌になって死んでやろうと思って頭突きをして窓ガラスを割ったりして暴れた。その結果、1月30日に本件犯行を認めたが、具体的な供述ができず、刑事のいうとおりに答えた。

　被告人Wは、1月27日、自宅で寝ているとき、警察官から布団をめくられて起こされ、貝塚署に連行された。そして、同日午前4時40分ころ、同署の取調室に入れられ（右時刻は同室の時計で分かった。）、浅田刑事ほか2名から被疑事実も告げられず、いきなり『お前が首を絞めて殺したんか。』と言われ、知らないと答えた。司法警察員に対する弁解録取書に、同日午前4時20分ころに被疑事実を認めた旨の記載があっても、そのころには認めていない。刑事から暴行を

受けたが、やってないと言っていた。名前の分からない刑事2人から手錠をはめたままの状態で頭を手拳で14、5回殴られ、足を蹴られたり、髪の毛を掴んで引っ張られたり、頭を壁にぶつけられたりした。そのため我慢できなくなって、午前7時40分ころ、被疑事実を認めた。司法警察員に対する弁解録取書が作成されたのは午前8時を回っていたと思う（右時刻は取調室に時計が掛かっていたので分かっていた。）。その後、最初の勾留10日間のうち2、3度警察官から殴られたり、蹴られたりしたが、そのうち一度は十数回殴られた。勾留延長になってからも何回か殴られた。浅田主任からも机の下から蹴られたことがあり、また頭を手拳で殴られたこともある。

　被告人Xは、1月27日午前5時すぎころ、C子方で寝ていると、警察官4、5人が来て、一緒に来てくれと言われ、事情が分からないままYとともに貝塚署に行くと、大きな部屋に入れられ、床の上に正座させられたうえ、警察官から初めて『お前殺したやろ。』と言われ、やってないと言ったあと黙っていると、2人いた警察官のうち1人から断続的に手ぬぐいかハンカチかを巻いた右手拳あるいは素手の左手拳で顔を10回以上殴られ、腹も足で蹴られた。殴った警察官の名前は分からないが、背丈が170センチメートルくらいの眼鏡を掛けた人であった。2時間くらいした午前7時30分ころ（右時刻はその部屋の時計で分かった。）、殴られるのが怖くて犯行を認めた。

　被告人Yは、1月27日午前5時すぎころ、C子方で寝ていたところ警察官が来て、荷物をまとめて付いて来いと言われ、貝塚署に連行された。そのとき本件被疑事実はきかされていない。貝塚署に行き、取調室で警察官から「1週間前に何やったんや。」といわれ、高橋とのけんかのことを言ったら、「そんなことやないんや。」と言われた。その後、取調主任の角谷刑事から被疑事実の内容を聞かされ、「お前がやったんやろ。」と言われ、否認すると、1月21日の行動を言えと言われ、K子と一緒にいたことなどその日の行動を何回も述べたが、聞いてくれなかった。そしてその日、高石署に連れて行かれるまでの間、角谷刑事らから、正座させられて、スリッパで頭を殴られたり、腹を蹴られたり、歯茎のところを押さえられたり、耳を引っ張られたりされた。その間、午前11時ころ警察官がZを連れて来て、同人に自分のことを「こいつがやったんやな。」と言うと、Zが

うなずいたので、他の者も認めていると思い、正午ころには自分も認めた。

② 昭和60年発生の住居侵入、強盗強姦未遂事件（東京地裁昭62・12・16判決、判例時報1275号35頁）

——前略——(4)ところで、警察官は、本件取調べの当初からすぐに被告人に本件デッキシューズの物証の存在をしらせることは避け、最も効果的な時期を選んでこれを被告人に示す方針をとっていたところ、右勾留延長後の同年7月28日ころから急遽、被告人の取調べ時間を長くするようになり、ほぼ夜間の9時ころまで調べるのは連日のことで遅い時は深夜にまで及ぶようになり、この間、しばしば大声で怒鳴りつけたり、また、取調べ用の机をしきりに手でたたくなど被告人を威嚇することなどもするに至ったこと、(5)そして、その後の同月30日における警察官の取調べに至っては、右同様の方法に加えてしばしば被告人の座っている椅子の下部を足蹴りするものともなり、その時間も午後6時10分ころから翌31日午前0時30分ころの遅きに及んだほか、さらに同31日にも午後1時30分ころから約3時間にわたって同様の取調べを行い、それまで警察官を見返すなどしていた被告人の視線も下を向きがちになると、ここに、警察官においては被告人を間もなく自白に追い込むことができるとの感触を得るに至り、本件捜査を事実上指揮していた板橋警察署盗犯第三係長の指示のもと、同31日の夜間における取調べの際に被告人に初めて本件デッキシューズを示して一挙に被告人を自白させる予定を立てたこと、(6)同31日夜の取調べも午後6時10分ころから開始され、その取調べ方法は、前同様であったが激しさを増し、午後9時過ぎになると、警察官は「この靴はお前のだろ。」などと言って被告人に本件デッキシューズを初めて示し、これに対して被告人がこのような靴は知らない旨述べると、警察官は口々に「お前のだ。」と大声で怒鳴ったり、前記係長を含めた警察官が指で被告人の頭を小突くなどしたこと、(7)そして、右係長においては被告人に対し「今の発達した科学では、人間の分泌物から、その細かく枝分かれした血液型をしることができ、指紋と同様、同じ分泌物がおまえのと一致した。」趣旨のことを申し向けたところ、被告人としては、同日昼ころ右係長から自己の唾液の任意提出を求められ、これに応じていたところ、前記の言辞を言われるに及んでもはや何をいっても無駄であるとの思いから抵抗の気力

を失い、絶望の余り頭を机に打ちつけるなどしたり、号泣した末、本件の犯人はお前かという問いに概括的にこれを認めてしまい、警察官が右の結論だけ記載しただけのようなごく短い自白調書を作成するとこれに署名指印し、さらに言われるまま、ほぼ同旨にしてこれに任意性をあたかも担保するが如き内容を付け加えた上申書を自ら作成したこと、(8)被告人は右の自白をした日以降は、警察官の取調べに対してはもはやいわば言いなりの状態になってしまい、要所要所での警察官の誘導に乗ったほか、自分なりに本件犯行を憶測しては積極的に迎合して自白を続けるなどし、このようにして自白調書等が日々作成されるに至ったこと、(9)また、被告人は担当捜査検事からも右最初の自白をした日の翌日である８月１日に取調べを受けたが、東京地検第二庁舎まで単独押送を受けた際、同行した警察官から右検事の心証を良くする方法として土下座をしてこれまで否認していたことを詫びることを教えてもらっていたので、検事調べの冒頭に「今まで嘘をいってすみませんでした。」と土下座をし、このような迎合的態度にまで出る状況に陥らせていたこと。

その他、以下、内容は省略するが次のようなものがある。
③　昭和52年発生の殺人事件（東京高裁昭58・６・22判決、判例時報1085号30頁）
④　昭和57年発生の殺人事件（旭川地裁昭59・８・27決定、判例タイムズ559号118頁）
⑤　昭和61年恐喝事件（大阪高裁昭63・３・11判決、判例タイムズ675号241頁）
⑥　昭和61年恐喝等事件（大阪地裁昭62・８・14判決、判例時報1267号159頁）
⑦　昭和61年発生の殺人未遂等事件（大阪地裁昭62・８・26決定、判例タイムズ664号258頁）

日本弁護士連合会人権擁護委員会編『人権事件警告・要望例集（上巻）』(1987年)より、昭和50年以降の分
　①　警察官による違法な任意同行・暴行傷害、検察官による違法な勾留

　　　　延長・少年事件の再送致、裁判官による不当な逆送・再逆送・身柄
　　　　拘束（昭和57年・石神井署少年事件不当処遇事件）
　　②　違法な現行犯逮捕・取調べ・身体検査（昭和59年・小岩警察署不当
　　　　逮捕事件）
　　③　取調警察官による暴行（昭和59年・水戸弁護士会）
　　④　取調べ中の少年に暴行（昭和59年・新潟県弁護士会）
　　⑤　取調警察官による暴行（昭和55年・大阪弁護士会）
　　⑥　取調べ中の警察官による暴行傷害（昭和58年・福岡県弁護士会）

(3)　上の各判例等において認定された拷問的取調べの例は、氷山の一角とも言うべきものであって、殆どの例は、拷問的取調べがあったと訴える被告人の真実の供述が信用されないで終わってしまう場合が多い。
　　上記の事例によれば、捜査官の被疑者に対する怒号、脅迫、強制、暴行、詐術、利益誘導等が露骨なまでに認められるところであって、昭和62年12月16日の東京地判において取調べのやり方について「あざとい虚言」「苛烈な取調べ方法」と断定されている取調べ実態は、決してその取調官のみの特異な例ではないのである。
　　裁判所の認定においては、拷問的取調べのあったことの認定を回避して、自白の不合理性や不自然性を指摘して自白の信用性を否定して無罪判決をしている場合が少なくないが（守屋克彦「取調べに関する事実認定自白の任意性（二）」判例時報1248号〔1987年〕14頁）、このような不自然不合理な自白を被疑者が任意に極刑を覚悟して供述することは経験則上考えられないことであるから、判例上任意性を認めて信用性を否定している多くの自白は殆どの場合に拷問的取調べがなされたものと推定されるのである。拷問的取調べの多数例を収録した報告集として、日本弁護士連合会代用監獄廃止実行委員会『体験者が語る代用監獄の実態』（日本弁護士連合会、1978年）、同監獄法改正問題対策委員会等『同（二）』（同、1982年）、日本弁護士連合会編『再審』（日本評論社、1977年）、同編『続・再審』（同、1986年）、東京三弁護士会合同代用監獄調査委員会編『ぬれぎぬ――こうして私は自白させられた　免田から土田・

日石まで30人の証言』(青峰社、1984年)、佐藤友之編著『代用監獄33人の証言』(三一書房、1989年)等があるが、これらは、拷問被害者の生々しい体験談を記録している。そこに語られている拷問の実態は、取調べの実態が数十年前の戦前の苛酷な取調べと本質的に変わっていないことを如実に示している。

2 取調べに関する捜査官の理論と技術
(1) 被疑者取調べの必要性の強調と問題点

　捜査実務上、捜査官の被疑者に対する取調べは、主として被疑者から被疑事実についての自白を得る目的でなされるものである。現代においても、捜査関係者は被疑者から自白を得ることが捜査の最終目標であり、被疑者の更生を助け、犯罪を予防し、国民的な正義を実現することになると信じて主張しているものが多い。捜査官は自白こそ犯罪の立証と予防、治安維持等の万能薬の如く考えているようである。このようにして自白獲得に執念を燃やして精力を傾注することが捜査実務の確固とした行動指針になっていることは、捜査実務家の公表した論文においてよく強調されている。その主な論文を掲記すると次のとおりである。

① 藤永幸治検事　自白を求めることは正しい捜査であり、捜査官の責務である(「我が国の捜査実務は、特殊なものか」判例タイムズ468号〔1982年〕37頁)。

② 米澤慶治検事　刑事訴訟法が目的とする実体的真実発見を実現し、社会の治安を維持するには、被疑者の取調の意義が極めて大きく、捜査官が被疑者の取調にますます真剣に取り組むことこそ国民の負託に答えるゆえんであると考える(「被疑者の取調べ」判例タイムズ537号〔1984年〕64頁)。

③ 河上和雄検事　現在の捜査機関のおかれている現状では、自白を獲得することがもっとも確実な捜査方法の一つであることは否定し難い(「取調べあれこれ」判例タイムズ550号〔1985年〕98頁)。

④ 加藤孝雄警察庁理事官　起訴・不起訴の処分を適正にするためには、

被疑者の任意の自供が是非とも必要である（「接見指定と捜査」警察学論集36巻9号〔1983年〕44頁）。

⑤　林茂樹警察大学校教授　取調べの主たる目的は自白を得ることであり、自白を求めることは正しい捜査である（「逮捕・勾留の被疑者の取調べについての一考察（下）」警察学論集37巻12号〔1984年〕58頁）。

⑥　山崎裕人岡山県警察本部警備部長　被疑者の取調の本質は、「自白」という最も重要な証拠の一つを収集することにあると言い切って差支えない（「『被疑者取調べ』考」警察学論集38巻8号〔1985年〕70頁）。

上の如き捜査官の過剰とも思われる「自白」に関する自負と使命感は、合理的理性的な捜査活動に終始する限り称讃したいところであるが、時としてかかる過剰な使命感は、捜査官の意に反して否認する被疑者に対して、自白させるための暴力、脅迫、詐術等・3として表われ、無実を証明するための立証活動に対する捜査官の妨害を招くことがある。

多くの冤罪事実は、かかる捜査官の捜査活動によって「自白」がデッチ上げられて、無実の者が極刑に当たる犯罪を「自白」したことになっているのである。

(2)　被疑者取調べの技術

被疑者取調べの技術的な問題について論述した文献は多い。憲法・刑訴法は自白の強要を禁じ、黙秘権を保障している。従って、法律上は黙秘権を侵害せず、自白を強要しないで被疑者から任意の自白を得ることが許されるということになるが、このような場合の取調べ方法について捜査官は次のとおり強調している。

①　贈収賄事件では、被疑者に対して理詰めの追求をしたり、連日にわたって長時間執拗に自白を追求したり、大声を張り上げて取り調べたり、数人の取調官が1人の被疑者を取り囲んで順次発問する等の圧力が加えられて自白を得ることができるので、弁護人と被疑者との接見を可能な限り阻止することに努める（本田正義検事「贈収賄事件と自白の任意性」法律時報31巻9号〔1959年〕17頁）。

②　否認する被疑者の取調には、暴力と脅迫以外の凡ゆる工夫によって懺悔と更生の道に立ち帰るように説得する必要がある（出射義夫『犯罪捜

査の基礎理論』〔有斐閣、1952年〕341頁）。
③　そもそも被疑者が自己の犯罪事実を全面的に認める自白をするということは、捜査官と被疑者の間のまさに人間的ないし人格的な信頼関係が形成されて初めて可能となるのであって、このことは経験上明らかである（前掲・藤永幸治「我が国の捜査実務は、特殊なものか」）。
④　人間性の弱点をつき、父母、妻子等家庭問題などから被疑者の気持ちをほぐしていく。共犯者どうしを不信感におちいらせると効果的である（『実務捜査提要』〔東京法令出版、1997年〕1074頁以下）。
⑤　補助者は主として、なだめ役、あきらめさす役、憎まれ役、押し役として発言するもので、ことに自白の表情が表れたときの押し役に効果がある場合が多い（同上796頁）。

　上記捜査官の取調べについての理論・技術をみると、長時間の執拗な追求的取調べ、暴力、脅迫以外のあらゆる圧力、共犯被疑者との反目不信の利用、数人の捜査官の悪役、善役の分担等が、公然と主張されている。いずれも、自白強要、利益誘導、詐術、トリック等と紙一重の取調べがなされていることを公然と明らかにしているように思われる。

　そして、以上のような取調べ方法の全てが実行されているのが冤罪における被疑者の虚偽の自白過程であるのである。このことは、前述の取調べ実態においてよく立証されている。そして捜査官は、冤罪の被疑者の自白についても「取調官の熱意ある説得に屈して後悔と懺悔の涙を流して自白した」と公判で説明している場合が多い。このような場合における取調官と被疑者との「人間的信頼関係」とはいかなるものであろうか•4。まさに「噴飯物」であり、偽善と横暴な捜査権力を如実に現す以外の何物でもない。

　元警視監・松橋忠光が、刑事が被疑者に暴行して前額部に傷害を与えた例を報告して「かって拷問をした経験のある者は取り調べにあたって拷問を加えたくなるような心理にかられやすいことも私は経験した」と述べている（松橋忠光『わが罪はつねにわが前にあり――期待される新警察庁長官への手紙』〔オリジン出版センター、1984年〕62頁）。そして同氏は次のように述懐している。

　「不義の秘密は人間の品性をおとしめ、人格を弱くする。自己の人格を汚染

された者が、他者の人格に対する配慮を欠くようになるのは当然であろう。職務の執行にあたって、自己の利益を優先させたり、他者に不当な損害を与えても責任をとろうとしない者が出てくる。人格が低下した者は必ず責任意識も低下させるものである。

　それが外に現れるときは、集団的警備行動の際によく起こる『行為者を特定出来ない集団暴力事件』や、無実の人を罪におとしいれる冤罪事件などとなる。過失や事故の場合を除いては、いずれも責任意識を欠落させた警察官によってひき起こされ、しかも警察側から自発的に責任関係を明確にしたことはほとんどない。こうした無責任な警察官が出てくる原因と背景はまことに根が深い（同上37頁）。」

Ⅲ　改善策

1　弁護活動の充実

(1)　はじめに

　多くの冤罪事件における被疑者に対する取調べは、捜査官の被疑者に対する暴力と脅迫、詐術、利益供与、過剰な説得と誘導等による苛酷なものである。このような違法不当な取調べに対する弁護活動はいかにあるべきか。冤罪事件における起訴前の弁護活動をみると、まず第1に、弁護人が選任されていない場合が多く[5]、第2に、弁護人が選任されていても充分な弁護活動がなされていない場合が多い[6]。弁護人選任のない場合に対する対策としては、被疑者の国選弁護人制度の確立、一部の弁護士会で実施されている弁護人推薦制度の活用等が考えられる。ここにおいては、弁護人が選任された場合の被疑者取調べに関する弁護活動を検討する。

　被疑者取調べに対する弁護活動は、被疑者に対する捜査官の違法不当な取調べ活動を排除して、被疑者が任意性のない自白をすることを予防することである。そのためには、第1に、被疑者の拘禁場所で冤罪の温床といわれる代用監獄から被疑者を解放することであり、第2に、違法不当な捜査活動を予防することであり、第3に、実行された不当な捜査活動の事後的救済を即時に実行

することである。被疑者取調べの期間は、通常の実務においては23日間であるから、かかる期間における濃密な弁護活動こそ、被疑者を冤罪から早期に救出する最大の要点であることを銘記すべきである。

(2) 被疑者の代用監獄からの解放

代用監獄は、冤罪の温床と言われる。これは多くの冤罪の被疑者が警察が管理して取調べに便利な代用監獄に拘禁された結果、数々の不当な捜査活動がなされていたという歴史的事実に基づくものである。

そこでまず、警察の捜査暴力にさらされる可能性の大きい代用監獄よりも拘置所に被疑者を収容する方策を考えなければならない。被疑者の勾留決定前ならば、勾留裁判の際に、文書で以て被疑者の勾留場所は拘置所が適切である理由を開陳して提出したり、裁判官に面接して口頭で説明する必要がある。勾留決定後ならば、勾留場所を代用監獄から拘置所へ変更を求める準抗告の申立又は勾留場所変更請求をすべきである。このようにして、まず代用監獄より拘置所へ被疑者を収容するように努力しなければならない。

(3) 不当な捜査活動の予防

被疑者が不当な捜査暴力にさらされる危険性を察知したならば、被疑者の健康状態・心理状態等を明らかにして慎重な取調べをするように事前に捜査官に文書で以て申し入れ、注意を喚起しておくべきである。

また、被疑者に対して充分な接見活動をしつつ、捜査暴力に対する対応の仕方、捜査官の詐術や利益誘導に対する応答の仕方、抗議の仕方等を予め被疑者に充分に教示しておかなければならない。

(4) 不当な捜査活動があった場合の対策

弁護人は、被疑者から捜査官の暴力、詐術等の不当な捜査活動がなされていることを聞知したならば、直ちに文書で以て抗議すべきである。被疑者から訴えられた不当な取調べ状況を録取したり、書面で抗議しておくと、概ね捜査官はその後は暴力的取調べを自制する場合が多く、また、かかる文書は取調べ状況を立証する資料ともなる。被疑者が捜査暴力を受けた傷害等の痕跡が認められたならば、直ちに証拠保全の手続を取るべきである。

また、被疑者が真意に反する供述を調書に記載されたと訴えたならば、弁護

人としては直ちに被疑者の真意を書いた文書を提出して、調書の訂正を申し入れるべきである。

以上のように具体的弁護活動を濃密に遂行することによって、被疑者の人権を守り、仮に起訴されたとしても、公判において違法な取調べ状況を立証することができる。

(5) 供述拒否権及び署名押印の拒否権の擁護

捜査官の期待するとおりの自白をしない被疑者に対しては暴力的な取調べがなされている場合が多いが、仮に露骨な暴力的取調べがなかったとしても、長時間の執拗な追求的取調べを受けるものである。かかる追求的取調べから被疑者を弁護するにはどうすればよいか。第1に、供述拒否権及び署名押印の拒否権の行使を促して弁護人はこれを徹底的に擁護することである。しかし、被疑者が供述及び署名の拒否権を行使して黙秘を貫徹することは強靱な意思を必要とする。多くの場合は供述拒否も途中で挫折して、冤罪を自白している場合が多い。弁護人はこの現状をまず厳しく認識しておく必要がある。

弁護人が被疑者に対して「取調べに応ずる義務がない」「刑事の脅しに乗るな」「刑事の甘言に乗るな」「弁護人に相談してから取調べに応ずると主張せよ」「刑事にだまされるな」「刑事の弁護人に対する中傷を信用するな」「裁判官に真実を訴えれば簡単に助けてもらえると思ったら間違いだ」「虚偽の供述調書が作られてしまうと、それを裁判で覆すことは難しくなる」「自白する場合も調書に署名するときも弁護人に相談してからにすると取調官に言え」「意に反する調書に署名をするな」等とわかりやすく執拗に教示しなければならない。そのためには、充分な接見活動を遂行する必要がある。そして、被疑者の供述拒否権が危殆にさらされている場合には、勾留理由開示のみならず、勾留、勾留延長、接見制限等に関する準抗告をする場合にも、その都度被疑者の弁明を申立書に摘示して、関係者の注意を喚起しておく。このようなことをしていると、被疑者は大いに勇気づけられるものである。

弁護人が逮捕当初より選任されているのに、捜査段階で被疑者が虚偽の自白をして、公判になってから冤罪であることを訴えている例も見受けられるが、このような例の起訴前の弁護活動をみると、弁護活動自体が不充分である場合

が多い。このような場合の冤罪は弁護人にも責任がないとは言えない。

被疑者は脆く弱い。裁判官には、人間というものは重刑を覚悟して簡単に虚偽の自白をする筈がないと盲信している世間知らず、人間知らずの者が多いということを忘れてはならない[7]。また、裁判官は捜査暴力の存在を認めようとしない者が多いということも忘れてはならない。弁護人としては、このような刑事裁判官[8]が多いということを前提に、起訴前の弁護活動を十二分に遂行して公判に備える必要があり、また、被疑者を指導し弁護しなければならないのである。起訴前の被疑者取調べ過程における弁護活動が、いかに困難にして、いかに重要であるか。われわれ在野法曹は深刻に真剣にこれと取り組む必要がある。

2 違法取調べの抑制

(1) 違法取調べに関する事後的救済

被疑者取調べにおいて、捜査官が被疑者に対して暴行、脅迫等の暴力的な行為がなされた場合には、当該捜査官を特別公務員暴行陵虐罪、強要罪等で告訴、告発をすべきである。

民事的救済としては、被疑者が捜査暴力を原因とする国家賠償[9]を請求することが考えられる。

刑事公判においては、当然、かかる捜査暴力によって得られた自白は、証拠から排除されることになっているが（刑訴法319条）、かかる規定の充分な活用が必要である。

弁護人はかかる任意性のない自白の証拠調べには異議の申立をすべきであり、仮に自白調書の証拠調終了後にその自白の任意性がないことを知った場合には、かかる自白を証拠から排除すべき旨の証拠排除の申立をすべきである。

違法な逮捕勾留中になされた自白[10]についても同様である。

(2) 違法な取調べを防止するための立法措置

① 取調べにおける弁護人の立会権の保障

被疑者が取調べを受けている時、弁護人又は被疑者の要求がある場合には、その取調べに弁護人が立ち会う権利を保障すべきである。欧米においては取

調べにおける弁護人立会権が認められている国が多いが、日本ではかかる弁護人の立会権は捜査実務上認められていないので、立法で解決すべきである。

② 取調べの可視化

多くの場合、被疑者の取調べは密室たる取調室において捜査官以外の者がうかがい知れない方法で実行され、なおかつ被疑者と家族知人との接見が禁止されたうえ、弁護人との接見も著しく制限される。違法な取調べ方法がなされても外から察知できないようにして、捜査官による自白の獲得がなされているのである。

そこで、かかる取調べの密室性を打破する一つの方法として、弁護人の立会いのほかに取調べ状況の録音又は録画（ビデオ）することが提唱されている。英国においては、取調べの録音が実施されているようであるが、わが国においても、その立法的措置が望まれる。このように取調べ情況が取調官以外の第三者にも客観的に透視できるようにすることは、取調べ自体の公正さと信用性を確保するものと思われるが、取調べは密室における被疑者と取調官の微妙な信頼関係の形成による真実の探求であるとする捜査実務家からは、取調べの可視化ということは本能的に嫌悪されている・11。

③ 取調べの規制

現行法は任意性のない自白をとる取調べを禁じているが、取調べの場所、取調べの時間、調書作成の方式等については、なんら規制していない。これでは不充分である。そこで、取調べ時間と時刻を規制したり、取調べの場所を制限したり、尋問の方法を規制したり、取調官について規制したりすることが考えられる。例えば、深夜の取調べを禁じたり、取調べ時間を1日3時間以内としたり、取調室に公平な第三者の立会いを置いたり、一問一答式の調書にするようにする、否認している場合には否認調書を作成する、取調官の身分氏名を明らかにする等という方策が予想される。

④ 証拠排除

自白調書については、任意性の存否にかかわらず、公判において被疑者、弁護人の異議のある場合には、全て証拠から排除する旨の規定をおくことである。公判実務は任意性を限りなく広く解し、かつ、任意性の立証を限りなくゆるや

かに許容しているので、常識的にみて任意性のない自白もほとんど証拠として採用されている。そのような実務を是正するには、任意性の有無にかかわらず、弁護人、被疑者が同意しない限り、自白調書を証拠にできない旨の法改正をすることである。

［注］
*1 刑事訴訟法制定過程研究会「資料刑事訴訟法の制定過程（三）」法学協会雑誌91巻10号（1974年）57頁。
*2 逮捕勾留中の被疑者の余罪について、取調べ受忍義務を否定した判例には、次のようなものがある。
①旭川日通営業所長殺害事件、旭川地裁昭59・8・27決定、判例タイムズ559号117頁。
②都立富士高校放火事件、東京高裁昭53・3・29判決、判例時報892号43頁。
③神戸まつり事件、神戸地裁昭56・3・10決定、判例タイムズ448号150頁。
*3 第一線の刑事の1人は、「本当に任意の自供なんてあるわけないですよ。言わなきゃメシは食わせない、タバコは吸わせない、家族には会わせないってんだから」と述べている（宮澤節生『犯罪捜査をめぐる第一線刑事の意識と行動』〔成文堂、1985年〕247頁）。
*4 宮澤節生は「いわゆる人間関係とは、被疑者が刑事たちに心理的にも物理的にも依存しているために、刑事たちからの期待に応えやすくなっている状況（同上245頁）」、「客観的には自己の優越的地位を利した被疑者の操作となりやすく（同上26頁）」と述べている。
*5 宮澤・前掲書364頁によれば「被疑者段階で弁護人がつくのは、知能犯、公安関係が中心で、全体では20件から30件に1件位」ということが紹介されている。
*6 免田、財田川、松山の3つの死刑再審事件の起訴前の弁護活動について、日本弁護士連合会編『続・再審』（日本評論社、1986年）223頁は次のように述べている。
「起訴前に弁護人が選任されたのは、松山事件のみである。もともと刑訴法では、起訴前の弁護活動について、被疑者の取調に対する弁護人の立会権などの保障はなく、弁護活動として行いうることには限界がある。
それでも、例えば勾留理由開示制度の活用によって、逮捕・勾留の疎明資料の不充分さを公判廷で明らかにすることは、被疑者の虚偽自白防止の一助となり、また、後の公判において、証拠薄弱であることを印象づけることの一

助ともなろう。第一回期日前の弁護活動に関するかぎり、いずれの事件においても、右のような活動は記録上見当らない。

　　起訴前の弁護活動として重要なことは、勾留中の被疑者に対する充分な接見である。被疑者にとって唯一の頼りは弁護人であるから、接見の回数・時間を充分確保し、被疑者の心理状態を配慮した上で、信頼関係を確立すること、自白の強要に対する防禦方法の教示、助言、取調の状況の聴取、記録、時には捜査官への申入れなどを含めて、被疑者の防禦をバックアップするとともに、今後の捜査・起訴に対する準備を行うことが、この時期の接見活動を通じて可能である。三事件においては、このような観点での起訴前の弁護活動は見当らない。」

*7　自白の任意性の判断を留保して、自白の信用性について判断した典型的な判例は、勧銀大森支店宿直行員強盗殺人事件控訴審判決である（東京高裁昭53・10・30判決、判例時報1038号221頁）。

　　同判決は、「けれども本件の場合、被告人の自白が刑訴法三一九条一項にいわゆる『任意にされたものでない疑』があるか否かについての結論はなおこれを留保することとして、更に進んで自白の信用性の点を検討してみたいと思う」と述べている。この判決は自白の信用性を否定しているが、その前に、自白の証拠能力の有無を判断すべきではなかったか。

*8　1989年2月に行われた全国裁判官懇話会の刑事分科会において、「自白」に関して次のような裁判官内部からの批判が行われている（「刑事分科会報告」判例時報1310号5頁）

　　「周知のように、最近における死刑事件を含む相次ぐ再審無罪事件（それは、端的にいって誤判事件にほかならない。）において、その事実認定上の主たる争点は、捜査段階における自白の任意性・信用性であり、最終的に自白の信用性が否定されて無罪となったのがほとんどの例である。そこで指摘されたのは、捜査段階における被告人の自白に対する過度の信頼であり、われわれ裁判官は、被告人の捜査段階における自白を中心とした証拠の評価、事実の認定について深刻な反省を迫られているといわなければならない。しかし、捜査段階における自白の信用性に対する判断の誤りは、それだけ孤立して存在する問題ではなく、その根源に刑事訴訟手続きにおける公判中心主義・直接主義の形骸化という構造的な歪みとも評すべき問題があり、それは、自白の任意性の審理・判断の形骸化という現象に最も象徴的に現れているように思われる。この構造的な歪みを正し、自白の任意性の審理・判断を正常化しない限り、誤判の問題も根本的には解決し得ないと考えられる。」

*9　別件逮捕勾留中の取調べが違法であるとして国家賠償が認められた例として、都立富士高校放火事件がある（東京地裁昭59・6・29判決、判例時報

1270号57頁)。
*10 違法な逮捕勾留中に作成された被疑者の供述調書の証拠能力を否定した判例には、次のようなものがある。
①旭川日通営業所長殺害事件、旭川地裁昭59・8・27決定、判例タイムズ559号118頁。
②神戸まつり事件、神戸地裁昭56・3・10決定、判例タイムズ448号150頁。
③鹿児島夫婦殺し事件、福岡高裁昭61年4月28日判決、判例時報1201号18頁。
*11 舟本馨「被疑者の取調べ」法学セミナー増刊『警察の現在』(1987年)232頁、警察庁刑事局編『捜査実務ハンドブック』(第一法規、1976年)2991頁。

第3章　取調べにおける弁護活動

I　はじめに

　本項では、具体的な被疑者の立場になって、いかなる弁護をすべきかを考察する。

　まず、被疑者と弁護人との健全な信頼関係の形成の仕方が重要である*1。

　多くの被疑者は逮捕勾留により甚大な衝撃を受け、心情が不安定な状態になっている。それは、入院後または手術直前の患者と同様である。医師は、常に真摯で温かい態度で患者に接することにより患者との間によい信頼関係を成立させ、患者が自由にかつあらゆることを包みかくすことなく話しうるようにする必要があると言われる（前田和甫ほか編『現代医学の基礎知識――医療・保健・福祉にたずさわる人たちのための医学概論』〔有斐閣ブックス、1978年〕118頁）。したがって、被疑者と弁護人の関係についても健全な信頼関係がなければ有効な弁護活動はできない。被疑者が弁護人を選任しているにもかかわらず取調官に対して迎合し任意性のない自白をするときは、被疑者の弁護人に対する信頼関係の形成が不十分な場合が多い。その原因は、捜査官による弁護人に対する中傷を被疑者が信じている場合もあるが、弁護人の努力の不足、怠慢、限界、弁護人に対する遠慮と無知にあるのではないか*2。このような原因はまず、弁護人の努力で解消すべきものである。被疑者が弁護人よりも捜査官を信頼している場合は、弁護人活動も円滑にはできない。弁護人は、被疑者のおかれている様々な状況を適確に把握して、意思の疎通をはかり、健全な信頼関係を形成する必要がある。

　そして、弁護人は、被疑者の真実の訴えには謙虚に耳を傾け、不当な要求は拒否する等の厳しい節度が必要である。熱心に無実を訴える被疑者の供述

は、できるだけ誠実に受容して吟味すべきであり、証拠隠滅工作的な不当な要望は断固拒否する姿勢が必要である。そして、被疑者に対して濃密な接見活動を遂行し、関係者との連絡を密にし、最大限に有効適切な法的手続を展開する必要がある。そのためには、以下のような方策が考えられる。

II 取調べに対する心構えと応答

1 捜査官に対する信頼と懐疑の持ち方

取調べとはどのようなものであるかを説明し、捜査官の言動について、何を信じ何を疑ったらよいかを被疑者の情況に応じて教示する。

取調べは多くの場合、捜査官の予断と都合に合うよう誘導されることが多い[3]。捜査官の個性と入手情報の正確性の吟味が必要であるが、被疑者が供述する場合は、真実を一貫して貫くために援護しなければならない。捜査官に対する過度な信頼と迎合は極めて危険であることを教える必要がある。自白する場合の自然性、否認する場合の合理性、黙秘する場合の必要性等について、あらゆる情況を認識しまたは想定して、慎重に説明する。

2 かけひき・取引・妥協と対抗の利害の教示

取調べは、取調官との厳しい拮抗の中で遂行されており[4]、そこには多くの駆け引き・誘導等がなされている。このような取調べの対応について、処分の有無、程度、保釈の可否、公判の展望等のアセスメントをして、慎重に教示する。

被疑者の供述調書の作成において、完全に被疑者の真意が正確に反映したまま作成されることは少ない。真犯人であったとしても自白調書は、被疑者の情が悪いように作成されることが多く、否認調書ではできるだけ不合理な供述になるように記載されることが多い。このような供述記載は、取調官と被疑者との妥協と対抗の中で、作成されている。したがって、弁護人は妥協と対抗の時期、程度について慎重に教示しなければならない。

3　自白の強要、騙取、誤導、甘言等の見分け方と対応の仕方

どのような言動をもって、捜査官は自白の強要*5、騙取、誤導、甘言を実行しているかを予め被疑者に必要に応じて教示し*6、被疑者より取調べ情況を聞き取り記録として保存する。そして捜査の難易、被疑者の長所短所、保釈や公判における影響、弁護人の能力等を充分に考慮して、対策を講じる。

4　被疑者の長所・短所・弱点と取調官の態様の把握

被疑者には、いろいろなタイプがある。逮捕勾留されて絶望感に襲われる者、虚勢を張る者、冷静である者等々その社会環境や知能経験によって千差万別である。取調官にも、暴力派、知能派、懐柔派、人情派、冷徹派等のタイプがある。取調官が数人で対応する場合には、組織的に、なだめ役、あきらめさす役、憎まれ役、押し役、等の役割を分担して、被疑者を追及するといわれている(『実務捜査提要』〔東京法令出版、1997年〕1080頁)。

5　長時間取調べの場合の対策

長時間取調べ*7は冤罪的要素のある事件に多いが、その原因と目的を究明し、被疑者が正常な状態であるのか確認する必要がある。長時間取調べにおいては、弁護人の接見自体が妨害されて困難である場合が多いが、被疑者が主体的にできるものをまず考える。取調べ拒否、休養の要求、取調べの制限等を実現できればよいが、そう簡単にはいかない。弁護人ができるものとしては、勾留理由開示や各種の準抗告のほかに、文書による要求や抗議、差入れによる指導等が考えられる。

6　任意取調べの対策

任意取調べには、逮捕の期間制限を実質的に免れるためのものや、事実上強制的なものもある*8。このような任意取調べの実態を把握した上で、その要否と是非を検討する。

7　被疑者と取調官との信頼関係形成の検討

　この問題*9の解明が大切である。多くの被疑者は奇妙な信頼*10をして、取調官に都合のよい虚偽の自白を取られている。このような取調官と被疑者との信頼関係の真否と危険性、人情、義理、偽善等の分析が必要である。*11。被疑者が取調官のあやつり人形の如くなっていた場合は特に深刻であり*12、その場合の対策を特に工夫する必要*13がある。

　このような場合の被疑者は取調官に洗脳されて、弁護人に取調べの暴力的情況を秘匿したり、告げないときがあるので、弁護人は、上手に取調べ過程の真相を被疑者より聞き出す必要がある。弁護人の力量が問われる場面である。

Ⅲ　取調べ拒否の可否

　取調べ受忍義務の有無は学説上、興味のある問題*14であるが、実務的にはいかに応用するか。被疑者は、取調室に出頭するのを拒否できるとして、これをいかにして実行するのか。被疑者は取調室から任意に退去することができるとして、これをいかに実行すればよいのか。

　この問題点は、現場においては微妙な力関係によって左右されるのである。取調べ拒否が可能とすれば、その根拠と方法・手段はどんなものがあるのか、検討する必要がある。

　しかし実務的には、取調べ受忍義務を容認した場合の黙秘権の実践的理論*15と実行をどうするかが重要である。そこには、困難微妙な問題がある。具体的な被疑者に対する弁護活動の有効性を考えて、現場において効果的な臨機応変の活動が重要である。場合によっては、留置場からの出頭を拒否すること、供述する場合には取調べに弁護人の立会を求めること、署名押印する前に弁護人に相談すること等を被疑者に教示しておく必要がある。

Ⅳ 供述拒否権・署名押印拒否権・供述訂正権の擁護

1 自白調書の重要性の教示
　自白調書の内容は、保釈、公判、立証、量刑に大きく影響することを認識する必要がある。特に、公判においては、自白の不任意性を立証することは極めて困難であることを予め自覚させておく。安易に自白し、安易に調書に署名したために、公判ではどんなに苦労しているか。この現実を前提に、起訴前において適正な自白調書の作成に対する方策をとる必要がある。

2 署名・押印の重要性の教示
　署名・押印には、どのような意味があるのか、被疑者に教示する。そして、取調官は、いかにして署名押印をさせているか。取調官はうまいこと言いくるめて、被疑者の署名を得ていることがある。被疑者も、署名押印の有無の意義をわからず実行している場合が多いものである・16。真意に反する調書には絶対に署名しないように、被疑者に教示する必要がある。

3 黙秘の仕方・署名押印拒否の仕方・供述訂正の仕方の教示
　様々な捜査情況に応じて、起訴後の保釈の可否、訴訟進行、立証予定をも考えて判断する。黙秘権、署名押印拒否権、供述訂正権の有効適正な行使こそ、被疑者のその後の運命を大きく左右するので、この点の現場における対応が最も重要である。

4 被疑者は何故、黙秘を貫徹できないのか
　被疑者は何故、黙秘を貫徹できないのか、署名押印を拒否できないのか。その原因の解明が必要である。多くの実例を分析して、黙秘権擁護のための実践的に対応できる技能を修得する必要がある。糺問的捜査にさらされている被疑者の度量、心意気、知能、心理、忍耐等の人間性の問題があり、これを弁護する弁護人の力量に大きく左右されているのが現実である。特に、冤罪者にアリバイがある場合、これを主張すべきか、黙秘すべきかは、慎重に判断

する必要がある•17。真実のアリバイであっても、捜査官により強引につぶされることがあることは、多くの冤罪が教えるところである。

V　自白強要から被疑者を弁護するにはどうすればよいか

1　自白強要を予防する方法

(1)　弁護人は被疑者に対して、自白強要の手段方法として暴行・脅迫・詐術・泣き落とし・理詰め等があることを教示して取調べに対する心構えをさせておく•18。

(2)　弁護人は、様々な被疑者に対応した適切な指導をすべきである。被疑者に対する指導においては、弁護人の「被疑者人間学」が必要である。被疑者がおかれている取調べ情況、家庭環境、人間関係などを的確に把握して、その最大の弱点を充分に看護する必要がある。

(3)　捜査官に対する要望・警告などの書面を提出して、不当な取調べの是正を求め、証拠を残しておく。

2　自白の不任意性を立証するための捜査段階の弁護活動の工夫

(1)　被疑者からの取調べ情況や自白内容の継続的な聞き取りをする。虚偽の自白をしているときは、その自白の撤回を勧めたり、事実報告書を弁護人が作成して提出する。

(2)　被疑者の取調べに問題のあることを察知した場合には、接見の録音•19、法廷の証拠保全手続の活用、事実経過についての公正証書の作成、内容証明による通告、確定日付のある記録の保全等を工夫する。

3　勾留理由開示公判の活用

　勾留理由開示公判•20において、不当な取調べの実態を明らかにして、裁判官に認識させ、かつその公判調書に記録させる。

4　各種準抗告の活用

勾留や接見指定等に関する準抗告の理由中に、随時不当な取調べのことを処分取消の理由の一つとして主張する。準抗告に対する決定は、被疑者にも送達されるので、被疑者の問題意識を喚起しまた激励になる。

捜査暴力を勾留の取消理由とできないか。これは理論上未開拓であるが考究する必要がある。

VI　別件逮捕と弁護

1　本件取調べの有無の調査

通説的見解によれば、逮捕勾留の必要性の小さい事件（別件）で逮捕・勾留した身柄拘束を利用してもっぱら、他の事件（本件）の取調べをすることを違法な別件逮捕と理解されているようである[21]。このような場合、別件逮捕が適正なものであるか、本件の取調べがどのようになされているかを、被疑者より随時、失念することなく確認しておく必要がある。そして、別件についての早期釈放と不当な再逮捕・再勾留を防止するための準備をする。

2　別件取調べの程度の把握

別件で身柄拘束中は本件についての被疑者の取調べの受忍義務はないとする判例もあるので、取調べ受忍義務との関連を絶えず注意する必要がある。そこで、別件についての取調べのほとんどない場合は特に問題であるので、別件についてどんな取調べがされているのか、確認しておく必要がある。いわゆる余罪捜査の場合には、保釈の難易を予想して再逮捕をしないことを条件に余罪の自白または自首を勧めることもありうるので、慎重な対応が望まれる。

VII　取調べ立会権の展開

取調べにおける弁護人立会権を実現するには実務上[22]どうすればよいか。比較法的考察や学説的考察のみならず、実践的なものとして、その方法を考

えておく*23。たとえば被疑者において、弁護人の立会がなければ、取調べに応じないまたは供述しないとか署名しないとか、取調官に対して、断固主張するように指導しておく必要がある。時には、弁護人の方から文書で、取調べ立会を申し入れておくことも考えられる。

[注]
*1　①宮原守男「第二章 弁護士の使命と職業倫理の基本問題」石井成一編『講座 現代の弁護士1 弁護士の使命・倫理』(日本評論社、1970年)158頁。
　　　「刑事弁護人としては、冤罪者を弁護する場合もあります。また、犯罪者を弁護する場合もあります。刑事弁護人は、人間性に対する深い理解と鋭い洞察なしにはできない職業であると思います。いわゆる人間の弱さ、罪、悪、人間性の底には救いがたい罪が潜んでいるということを知ることが、まず第一であります。
　　　いかなる極悪人といえども弁護を受ける人権をもっているということを忘れてはいけません。」
　　②『米国法曹協会弁護士倫理規範及びその解説——ドゥリンカー氏「法曹倫理」によって』司法研修所調査叢書第4号(1958年)8頁。
　　　「米国の法律制度においては、弁護士は対立当事者の一方であって事件の正不正を判定すべき裁判官ではない。弁護士は最も誠実に最も巧妙に凡ゆる事実を提出し凡ゆる議論を尽くせばよいのである。シャースウッド判事の云うように、弁護士が自己の判断によれば事件は正しくもなく弁護の余地もないからという理由で弁護士としての助力を拒絶するならば、それは裁判官と陪審員との機能を奪うものである。経験の示すところによれば、多くの事件において、弁護士の抱いた事件の第一印象は、審理を進めて行くうちに誤りであったことが判ることがあるのである」
*2　①反弾圧・反権力連絡会議編『権力と闘うための法律知識——必携・反弾圧!』(三一書房、1979年)102頁。
　　　「他方、私選弁護人といってもさまざまである。その弁護人の個性や仕事場の忙しさにより、またものの考え方(思想)によっても、弁護のやり方は大いに異なる。なかでも一番注意しなければならないことは、その弁護士が検事上がり(「やめ検」という)でないかどうか、資本・経営の立場につねに立って、ほとんど民事事件しか扱わないか、あるいは労働者などの人権侵害・利益じゅうりんなどを平気で行うようないわゆる「ブル弁」でないかどうか、といったことである。

見分け方としては、他にどのような事件を手がけているか、それでどのような立場をとりどういった弁護活動を行っているかなどを、しかるべき手段を尽くして情報収集することが大切である（知り合いの、あるいは知人を通じて他の弁護士にそれとなく聞く、事務所の事務員と親しくして尋ねる──「期」その他によるつながりを聞くだけでも役に立つ──法律雑誌・法律書をのぞく、その他いろいろ考えられよう）。

要するに、真に被告人の立場に立ち、完全にその利益を保障してくれるような"闘う弁護士"などというものは、存在しないと心を決めておくべきである。"自力更生"の基本精神をもち、弁護士を使う、利用する、オルグするという考え方をしっかりと保たなくてはならない。」

② 日本弁護士連合会人権擁護委員会編『事例研究誤判Ⅰ』（日本評論社、1989年）13頁は、次のような冤罪被告人の起訴前の弁護士についての批判を紹介している。

「（弁護士が）最初に来たときは、顔を見せに来たにすぎないという状況でした。また二度目のときは、私からお願いをし、来て頂きました。このときは、私自身警察官にやられている事実等大島や勇造が言っていると言って追及を受けている事実を訴えたのですが、同弁護人は、何で二人はそんなことを言うんだろうね。と私にも答えられないことを言っていたほか、10日になれば結果は分かるからと言うのみで、適切なアドバイスは何も言ってはくれませんでした。というのも、そのとき以前に行われていたことよりも、その後の方が暴力を加えられるなどひどい扱いを大山刑事と高根沢刑事から受けたことから考え、同弁護人は、何をも言ってくれなかったものと思います。

そして、三度目になると11日に来たときの同弁護人の話によれば、同人は北海道に旅行に行っていたんだなどと言っており、いくら個人の自由とはいえ、私のような身に覚えのないものが逮捕勾留されているという事件の弁護人になっておきながら、北海道旅行に行ってきたんだ等と聞かされ、また今までに何もやってくださらないことから考え合わせ、とても力になどなって頂けるような人ではないと、そのときはっきり感じました。従って、その後警察官たち等、検察官からどのような扱いを受けましても、弁護士さんに会いたいとは申しませんし、お願いもしませんでした。」

*3 幕田敏夫『警察署員のヤミ仕事』（第三書館、1989年）234頁は、次のような取調べ刑事の10のタイプを明らかにしている。

一、直木賞をねらう小説家のようにつくりあげる警官。

二、自分の考えや主観を入れて書くことは禁じられているのに、相手になりきって感情移入して書き上げる警官。

三、犯罪に仕立てあげるための「犯罪構成要件」と、何が何でも刑に服させ

るために「重い刑罰」だけを追って書きあげる警官。

四、 被害者は、相手被疑者を憎むのが当然。だから被害状況の話は大げさになるのが当然。それをうのみにして、大げさに書きあげる警官。

五、 法律で「供述自由権の告知」として、被疑者を取調べる前に、自己の意思に反して供述をする必要がない旨を告げて取調べに入らなければならないのに、「不利なことをスッカリ話をさせた後で、調書を書くときに告げればいいんだ」と「被疑者は罪人。罪人の意思など関係なし」と被疑者の人権なんて眼中になしとする警官。

六、 話を聞き終ると、書いた調書の内容に誤りがないかどうか供述人に確認するのだが、供述人が言葉にしてないことや、不利になるようなことまでも文章にしてしまっているから、供述人が理解ができないように早口で読み上げてごま化してしまう警官。

七、 読み聞かせたところ、供述人が、「このように書かれているところはこうですから訂正してください」と願う。にもかかわらず、「そのことは次に調書を取るときに書くから、署名指印しろ」とダマす警官。

八、 供述人に読み聞かせた後、供述人に都合悪いように内緒で文章を書きなおし、調書の頁を差し替える警官。

九、 「供与」「誘導」「示唆」「脅迫」「強制」「暴行」ありとあらゆる方法で思いのままの供述調書を書きあげる警官。

十、 否認する女性被疑者を落とす、色事師のような警官。

*4 ① 高柳賢三ほか編『日本国憲法制定の過程——連合国総司令部側の記録による Ⅰ 原文と翻訳』(有斐閣、1972年) 213頁によれば、憲法制定当時において、次のような日本的取調べが議論されている。

「証言と自白に関する議論に際して、ホイットニー将軍は、『自白は、それが被告人の弁護人の面前でなされたものでない限り、効力がない』とした規定が賢明なものかどうかを、問題とした。この規定は、犯罪を犯した直後に自然になされた自白を〔証拠として〕用いることを禁ずるものである。弁護人のついていないところでなされた自白も、脅迫されずになされたのであれば、証拠能力を認められるべきである、と彼は述べた。ラウエル中佐は、この規定は、日本独特の悪習を防止する役目を果たす、と述べた。日本では伝統的に、検察官は、自白を手に入れるまでは事件を裁判所に持ち出したがらず、そのために、公訴を提起する以前に自白を得るためには、精神的肉体的拷問をしたり、おどしたり、どんなことでもする、と彼は述べたのである。ホイットニー将軍は、日本において自白が広く濫用されていることは認めたが、強制、拷問もしくは脅迫による自白または不当に長く抑留もしくは拘禁された後の自白は、これを証拠とすることができない、と規定すれば、濫用の防止が十分に設けられたといえる

であろう、と述べた。」

② 平栗勲、自由と正義40巻5号(1989年)73頁において、貝塚ビニールハウス殺人事件の取調べの実態を次のとおり要約している。

「本件においては、被疑者らのアリバイ成立に深くかかわっていた重要な証人が、いずれも捜査官からの暴行脅迫によりその供述を変え、逆にアリバイ工作を依頼されたというような極端な証言内容となってしまった。これらの強要された虚偽証言が、本件における一審有罪判決の大きな決め手になったであろうことは想像に難くない。被疑者本人に偽りの自白を強制したばかりか、意に添わない供述をなせば参考人であっても逮捕勾留して、その供述を変えさせてしまうという警察の権力的体質の底知れぬ恐ろしさを改めて考えさせられたのが本事件である。」

*5　前掲注3・幕田敏夫「警察署員のヤミ仕事」187頁において、捜査刑事の体験として次のとおり暴露している。

「警察署では、暴力沙汰がまかり通る。警官にとって喜びの職場、一般人にとって恐ろしい職場である。警官による暴力沙汰が報道されるのは、実際に起こっている多くの事態のごく一部。大半は警察権力によってもみ消される。被疑者で暴力を振るわれたものはほとんどが泣き寝入りする。

警官が、職務上相手にする人間は、殺人、強盗、傷害、強姦、窃盗、交通違反等各種様々な事件の被疑者、万引き、シンナー、飲酒、煙草、不純異性交遊等の補導対象の高校生、中学生、小学生等の少年達である。そのほとんどは国や地方自治体の議員、弁護士、民間大企業の役員のように地位や名誉や金のあるものではない。警官が大きな態度でエバりくさって暴言を吐いたとしても、耐えざるをえない人間たちばかりであるからだ。」

*6　前掲注3・幕田敏夫「警察署員のヤミ仕事」112頁は違法捜査の対象として次のとおり述べている。

「警官の逮捕、捜索等で違法行為があった場合は、第三者が周囲にいれば騒いで印象づけておくこと。だれもいなければ、その場で騒がずに状況をなるべく詳しく記憶、記録しておいて弁護士に相談する。その場で違法行為をやっていると騒いでしまえば、警察側も用心して公判前に正当化するだけの準備をして臨むことになる。だから、公判を待って、その席上で勇気を持って証言することが大事だ。」

*7　任意捜査として、長時間に及ぶ被疑者取調べが違法でないとした判例には次のようなものがある。

① 最二小昭59・2・29決定、法曹時報39巻9号125頁、要旨

被疑者につき帰宅できない特段の事情もないのに、同人を四夜にわたり所轄警察署付近のホテルに宿泊させるなどした上、連日、同警察署に出頭させ、

午前中から夜間に至るまで長時間取調べをすることは、任意捜査の方法として必ずしも妥当とはいい難いが、同人が右のような宿泊を伴う取調べに任意して応じており、事案の性質上速やかに同人から詳細な事情及び弁解を聴取する必要性があるなど本件の具体的状況のもとにおいては、任意捜査の限界を越えた違法なものとまでいうことはできない。
② 最三小平元・7・4決定、判例タイムズ708号71頁、要旨
　　午後11時過ぎに任意同行の上翌日午後9時25分ころまで続けられた被疑者に対する取調べは、特段の事情のない限り、容易に是認できないが、取調べが本人の積極的な承諾を得て参考人からの事情聴取として開始されていること、一応の自白があった後も取調べが続けられたのは重大事犯の枢要部分に関する供述に虚偽が含まれていると判断されたためであること、その間本人が帰宅や休息の申出をした形跡はないことなどの特殊な事情のある本件においては、任意捜査として許容される限度を逸脱したものとまではいえない。(反対意見もある。)

*8　任意同行に引き続く取調べが違法とされた例として、次のようなものがある。
① 仙台高裁秋田支部昭55・12・16日判決、判例タイムズ436号173頁、要旨
　　警官等は被告人を逮捕し得る実質的要件がないにもかかわらず、被告人からその所持していた自転車の窃盗についての自白を得る目的で、被告人を無理にパトカーに乗せ機動捜査隊庁舎に連行するという違法な任意同行を行い、これを利用して取調べを行ったと認定し、このような場合には、右違法な任意同行に引き続く取調べにより得た被告人の自白の証拠能力はもとより、その後の緊急逮捕及び勾留中になされた被告人の一切の自白の証拠能力も否定すべきであるとし、かつ右自白調書以外の証拠を持ってしては有罪を認定しえないとして、原判決を破棄し被告人に対し無罪を言渡した。
② 大阪高裁昭63・2・17判決、判例タイムズ667号265頁、要旨
　　前夜午後9時20分ころ、公園内で警察官から職務質問を受け、付近の派出所へ任意同行された被告人が、所持するウイスキー(約3000円相当)の出所について追求され、途中2か所の寺院への引当たりをはさみ、翌朝午前4時ころに至るまで、右派出所等において、仮眠や休憩の時間を与えられずに、ほぼ間断なく右ウイスキーの入手径路等につき取り調べられた結果、ウイスキー窃取の事実を自白し、午前5時30分ころ緊急逮捕され、その直後(7時ころ)自白調書を作成した例について、かかる違法な徹夜の取調べののちに得られた自白は、『他に、かかる違法な取調べの影響の遮断された状況で自白が得られたこと等特段の事情の存しない限り、』任意性に疑いがあるとして、裁判官による勾留質問調書を除く捜査段階の自白調書の証拠能力を全て否定した。

*9 捜査実務家は、自白する被疑者と取調官との信頼関係について次のとおり強調している。
① 藤永幸治検事「我が国の捜査実務は特殊なものか」判例タイムズ468号（1982年）37頁
「そもそも、被疑者が自己の犯罪事実を全面的に認める自白を任意にするということは、捜査官と被疑者の間にまさに人間的ないし人格的な信頼関係が形成されて初めて可能となるのであって、このことは経験上も明らかである。」
② 山崎裕人「『被疑者の取調べ』考」警察学論集38巻8号（1985年）72頁
「そうした被疑者自身の内在的葛藤や心理的抵抗を取り除きながら、限られた逮捕・勾留期間中に自らの口で本当の姿を語らせるためには、暴行や脅迫等といった憲法上も禁止された手段が有効である筈がなく、被疑者周辺の捜査の結果得られた性格や気質に関する情報を踏まえて、捜査官と被疑者とが相対して互いに気心が通じ合うこと以外に方法はないのである。こうした地道な努力はほとんどの場合警察の捜査官によって行われる。検察官や裁判官も被疑者（被告人）の取調べを行うが、警察の捜査官と被疑者のコミュニケーションの深さは、検察官や裁判官のそれとは比べものにならないと言っても過言ではないであろう。」
③ 舟本馨「被疑者の取調べ」『警察の現在』（日本評論社、1987年）232頁
「多くの場合、そのような心理状態が取調べを通じて変化し、任意に犯罪を認める自白をするに至るのは、取調官の正に情理を尽くした取調べにより、取調官と被疑者との間に心が通い合って初めて可能となることなのである。そこでは、取調官と被疑者との一対一の信頼関係が形成されているのであるが、果たして、後日第三者に聞かれることが予定されているテープを目の前にして、被疑者が心を開くだけの取調官との人間関係が形成されるものであろうか。」

*10 幕田敏夫は元刑事の体験者として、いわゆる信頼関係について次のとおり述べている（幕田敏夫＝丸山昇『警視庁のウラも暗闇』〔第三書館、1988年〕110頁）。
「当然、『現行犯逮捕手続書』にも警察の優位につくられたウソの内容が記載されていく。
Ｙ男も逮捕されてから一週間ほどは、警察のやり方を問題にしていた。公判で証言するつもりだったかもしれない。しかし、その後も続いた勾留・取り調べの過程で、取調べ官（私だったが）と『人間的な信頼関係』が生まれ、警察側の違法行為については笑い話に変わり、忘れていった。
対立感情にあった被疑者と取調べ官が『人間的な信頼関係』で結ばれていくという。微妙な心理的変化は実際に経験してみるしかわからないことだろ

う。」
*11 青木英五郎は、取調官と被疑者との関係について次のとおり分析している（「自白過程の研究——仁保事件の録音による」『青木英五郎著作集Ⅱ』〔田畑書店、1986年〕303頁）。

「被疑者の取調とは、犯人の取調である。したがって、『暴力と脅迫以外の凡ゆる工夫によって、懺悔と更生の道に立ち帰るように説得する熱意』をもって自白させねばならない、ということになるのである。これは、日本調の、いわば浪花節的な取調方法というべきであろう。日本の捜査官は、治安維持という職務から一歩を進めて、宗教家の役割まで兼ね備えた人格者であることが要請されているのである。そして、被疑者を自白させるためには、『人間と人間との対決』が必要となるのである。しかし、その『人間と人間との対決』が、対等の立場にある人間を前提とするものでないことは、もちろんである。取り調べる側は、巨大な国家権力の担い手であり、取調を受ける側は、自由を奪われ、孤立無援の状況におかれた人間である。そこにあるのは、完全な支配関係に過ぎない。言葉では対決といっても、それは支配者の意思を、暗黙のうちに、あるいは公然と、被支配者に受諾させようとするものであり、被支配者に感情的・合理的反応を生みださせようとする関係である。」

*12 冤罪者が捜査官のあやつり人形の如くなった例として次のような例がある。判例時報1275号（1988年）40頁。

「(8)被告人は右の自白した日以降は、警察官の取調べに対してはもはやいわば言いなりの状態になってしまい、要所要所での警察官の誘導に乗ったほか、自分なりに本件犯行を憶測しては積極的に迎合して自白を続けるなどし、このようにして自白調書が日々作成されるに至ったこと、(9)また、被告人は担当捜査検事からも右最初の自白をした日の翌日である8月1日に取調べを受けたが、東京地検第二庁舎まで単独押送を受けた際、同行した警察官から右検事の心証をよくする方法として土下座をしてこれまで否認していたことを詫びることを教えてもらっていたので、検事調べの冒頭に『今まで嘘をいってすみませんでした。』と土下座をし、このような迎合的態度にまで出る状況に迫らせられていたこと、……」

*13 前掲注2・反弾圧・反権力連絡会議編『権力と闘うための法律知識』72頁は、いわゆる信頼関係の形成とのたたかいについて次のとおり述べている。

「取調べにおいては、捜査官と朝から夜遅くまで対峙しなければならない。『取調べ』とは、権力にいわせれば、被疑者との間に一種の『交友関係』を作ることが第一である。そのため権力は、甘言や恫喝、その他種々なキタナイやり方を駆使してくる。そして最終的に「被疑者」を屈服させ、自白をとろう＝自白調書を作成しようとしてくる。しかし、弾圧する者とされる者との間に『交友

関係』などあり得るわけがない。取調べとの闘いは、そのような権力に対して完全黙秘を貫く闘いである。

　権力の取調べは、一言でいえばアメとムチの使いわけである。アメには、約束、偽計、利益誘導、甘言などがある。『正直に話せば起訴されない』『早く出してやる』『他の人間は全部話している』などとウソをならべたて、時には、"人間的説得"を涙を流して行ったり、特別の飯を食べさせてくれたりなどして、あくまでも自白をとろうとしてくる。」

*14　取調べ受忍義務の有無をめぐる争点を最も詳細に整理した文献として、警察庁刑事局編『捜査実務ハンドブック』(第一法規、1976年) 2926頁～2990頁。

*15　取調べ受忍義務を肯定した場合、その義務の履行を強制できるかどうか、その強制ができるとした場合の根拠は何かについては次のような見解がある。
　①　前掲注14・警察庁刑事局編『捜査実務ハンドブック』2932頁
　「もつとも、出頭義務・取調受忍義務があるとしても、この履行を法的に担保する手段は存しないことに注意を要する。したがつて、出頭を拒む被疑者を出頭させ、退去する被疑者をとどませる方法はない。」
　②　頃安健司「Ⅶ 被疑者の取調べ　37　身柄拘束中の被疑者の退出権」河上和雄編『刑事裁判実務大系第11巻 犯罪捜査』(青林書院、1991年) 462頁
　「身柄拘束中の被疑者が、検察官等の出頭要求を拒み、監獄の居房から出ようとしない場合、あるいは、取調べ中に取調べ場所から退去しようとした場合には、被疑者を出頭させあるいは取調べ場所に滞留させるために必要最小限度の実力行使は、当然許容されることとなる(同旨、註釈刑訴2巻83頁)。これは、身柄拘束に伴う当然の効果、あるいは身柄拘束下においては取調べ受忍義務を認めていることの当然の効果と言えよう。」
　③　東京地裁昭59・6・22決定、判例時報1131号161頁
　「逮捕されている被疑者が、犯罪捜査の必要のため、司法警察職員が出頭を要求したのにこれに応ぜず留置場から出房しないときは、必要最小限度の有形力を用いて、司法警察職員のもとに出頭させることができることは、刑訴法198条1項但書の趣旨により明らかであり、……」

*16　浦和地裁平2・10・12判決は、外国人被疑者について以下のとおり判示しているが、このことは、法的に無知な日本人についても当てはまることである。(判例タイムズ143号87頁)
　「我が国の刑事手続について何らの知識のない外国人被疑者に対しては、前記のような黙秘権や弁護人選任権等について、わかりやすく説明して告知する以外に、特に右被疑者に弁護人がついていない場合には、我が国の刑事手続の流れの概略(逮捕・勾留期間、公訴提起との関係、警察官・検察官・

裁判官の区別等）を説明して、不必要な不安を除去すると同時に、作成された供述調書に署名・指印を求める際には、それが将来の公判において被告人に不利益な証拠として使用され得るものであることを告知する等の配慮も必要であるというべきである。なぜなら、右のような説明をすることなく、言葉の通じない多くの捜査官等の中で被疑者を孤立させたまま取調べを行うときは、右被疑者において、今後どのような手続に従って自己が処遇されるのか全く理解することができないまま、著しい不安感に襲われ、捜査官や通訳人の些細な言動に不必要に怯えたり、逆にこれに迎合しようとしたり、供述調書への署名・指印の意味も理解できないままに単に捜査官から指示されたというだけで、唯唯諾諾と署名・指印に応ずるというような事態の生ずることを回避し難いと考えられ、そのこと自体が供述調書の任意性確保の障害となり得るからである。」

*17 捜査官に対するアリバイ主張の是非については次のような見解がある。
① 後藤昌次郎『真実は神様にしかわからない、か』（毎日新聞社、1989年）86頁

　「こういう例を見てもわかるように、否認して弁解してはだめなんです。黙秘しなければならない。本当のことは、誰も見ていない捜査段階ではなく、公開の法廷で言うんですよ。公開の法廷で言うといっても、どの時期に言うべきかといういろいろ難しい問題がありますが、少なくとも捜査段階で、自分がデッチ上げられようとしているときに否認して自分のアリバイはこうであるということを言ってはいけない。警察は、なるほど、お前はアリバイがあるなと言って釈放してくれるかというと、そうではなくて、アリバイをつぶしにかかるんです。アリバイの証拠を押収して隠してしまう。

　例えば、松川事件でやはり首謀者の一人とされた佐藤一さんのアリバイの証拠であった"諏訪メモ"は、警察がもっていって検事が転任するズーッとその先まで隠し持っていって出さなかった。そういうことがある。」

② 法務府検務局編「逮捕された場合の革命家の態度」検察資料18、44頁

　「しかし黙秘権の場合が的はずれである場合があつたり又黙秘権を捜索の妨害になると称しておさえ様とする傾向が最近の大小事件に表われてきて、無実の罪や不当な弾圧で検挙されたのが黙秘権を使うと、捜査を手間どり勾留されたり、その他余計な不利を招くと言う点から、そうした場合は進んで自分の無実を立証するため供述をし、早く釈放された方がよいと言う主張がある。だがこの様な態度は多くの事件の経験から云うと、余程被疑者や被告がしつかりしているか、或は簡単な事件の場合の外は正しいとは言えない。被告が無実を立証するために供述することから（事件とは何等関係のない事でも）いろいろ重大な事項が引出され、思わぬ事件がねつ造されたり、犠牲が拡

大したり、又そうでなくとも被告人が多数の場合、お互いのさ細な陳述の相違をついて自白を強要し、いわゆる誘導尋問によつて長い間には虚偽の自白をさせられるに至つた場合もあるからである。

だから原則的には不当な弾圧や無実の罪で勾留されたものは黙秘権を行使し、殊に不当な取調べ人権じゆうりんには黙秘権の徹底的な行使で抗議し、場合に依つては職権濫用罪として告訴する位の注意であたるべきである。以上は原則的な態度だが一方黙秘権と言う事は住居、氏名からすべて右の様に黙つていることだと考えられがちだ。又そうする方がよい場合も事件に依つては多いが、技術的には事件が簡単なものであり、或は取調べの内容によつて自分に不利益なこと、特に不当な誘導尋問についてはあく迄黙秘権を行使し、例えば住所氏名その他差支えないかぎり明らかにする方が有利な場合もあるのだから、原則を理解したら一般的抽象的に応じその性質を判断し具体的に黙秘権を行使すること、そしてその仕方を考えて闘う必要があろう。」

*18 前掲注2・反弾圧・反権力連絡会議編『権力と闘うための法律知識』261頁
「捜査官は被疑者の弱点・動揺だけをねらっている。そしてきっかけをつかめば、そこに一個の人間関係を作りだそうと次から次へとクサビを打ちこんでくる。警察にはおどし、暴行、脅迫専門の刑事もいれば、温情的で親身になってくれるやさしい刑事もいる。だが、人格によって刑事を区別してはならない。手口が暴力的であろうと温情的であろうと、権力の目的は被疑者をおとすことだけなのだ。

警察官に対する信頼感・依存感は、必ず自分のよりいっそうの不利となってかえってくる。これは忘れてはならない現実である。

利益誘導も不断にしかけられる。タバコの提供、店屋物・お菓子・家族との特別面会、飲酒、囲碁・麻雀・トランプ、ドライブ、ピクニック……ようするに何でもやってくれる。"思ったより警察はいい"という心理状態に追いこめば、権力は勝ちなのだ。」

*19 接見の録音についての「昭和38年4月4日法務省矯正甲第279号通達」は、次のとおりである。
「弁護人が被告人等との接見に際し、テープレコーダーなどの録音機を用いて、その内容を録音して持ち帰ることは、弁護人の接見交通権の範囲に属し、法39条の適用上は、書類の授受に準ずるものとして取り扱うべきものと解する。なお、弁護人が右録音テープ等を持ち帰る場合には、当該テープ等を再生のうえ内容を検査し、未決拘禁の本質的目的に反する内容の部分または戒護に支障を生ずるおそれのある部分を消去すべきである。」

上記通達の不当性を指摘した論文として、若松芳也『接見交通の研究――接見活動の閉塞状況の分析と展望』(日本評論社、1987年)125頁、丹治初

彦「神戸弁護士会刑事弁護センター通信」1991年5月20日号6頁、がある。

*20 勾留理由開示公判の利用について、前掲・反弾圧・反権力連絡会議編「権力と闘うための法律知識」70頁は、次のとおり説明している。

「被疑者・弁護人・家族などが請求でき、それぞれが独立して行える。請求した者は勾留理由開示公判に立ち合い、意見陳述をすることができるので、被疑者・弁護人・家族の併記で請求するのがよい。家族等はこの機会を利用して、被告とされた人を激励すること。とくに接見禁止がつけられているとき効果が大きいので、救援を志す者は家族とその点の打合せを十分行っておくべきである。」

秋山幹男は『刑事手続 上』(筑摩書房、1988年) 359頁において次のとおり述べている。

「勾留理由開示請求は、裁判官が一方的に勾留の理由を述べ、被疑者・弁護人が意見を述べるにすぎない手続きとなっていることから、被疑者側にとって魅力のない手続きとされているが、公開の法廷で理由の説明を求めることは安易な勾留の継続を抑制する効果があるといえるし、被疑者を密室から一時解放し、厳しい取調べを中断させる効果をもつものである。したがって、弁護人は勾留理由開示をもっと活用すべきであろう。」

*21 福岡高裁昭61・4・28判決、判例時報1201号6頁、要旨

まず被告人の自白の証拠能力について検討し、本件に関する捜査の進捗状況や被告人の取調べ状況等について詳細に判示した上で、別件による逮捕・勾留についての理由と必要性が認められる場合においても、本件の取調べが令状主義を実質的に潜脱するものであるときは本件の取調べは違法とされ、それによって得られた自白は違法収集証拠として証拠能力を欠く。

*22 捜査実務は、被疑者取調べに対する弁護人の立会権を容認していないが、次のような注目すべき論述も認められる (警察庁刑事局編『捜査実務ハンドブック2』〔1995年〕2991頁)。

「例えば、取調過程の可視性に関する議論についても、その主張が我々の実務感覚からして、やや非現実的であることから、ややもすると現実の捜査を知らない議論であり、一方的に捜査を規制しようとする意図的な議論であるということで一笑に付すきらいなしとしない。しかし、取調べをめぐる最近の議論の本質が、我が国の刑事手続きの根幹にかかわるものであることを洞察したならば、そのような主張が、滔々たる近時の裁判実務の流れに合流して我々の実務におし寄せてくることが予感できるであろうし、少なくとも、自白の任意性や信用性を確保する方策の検討に、従来にもまして真剣に取り組む必要性を理解せざるを得ないであろう。」

*23 少年事件における取調べの立会例として、大阪弁護士協同組合発行『捜査弁

護の実務』（1996年）158頁。また、犯罪捜査規範172条2項。少年警察活動要綱9条3号も参照。

［追記］
　　　以下に掲載した文書は、2006年に、愛媛県警・警部の私物パソコンがウイルスに感染したことにより流出した内部資料のうちの1つである（週刊朝日2006年4月21日号34～36頁）。2006年5月23日の参議院・法務委員会において、本文書の性格についての松岡徹議員（民主党）の質問に対し、杳掛哲男国務大臣は、本文書については調査中としつつ「流出にかかわった警察官が自分で今までの体験などで自分の思いを一応記述したもの」で公的なものではないと回答している。しかし、警察内部の取調べに関する教材資料と見ることができ、苛酷な被疑者取調べの実態を伺える。以下、原文をそのまま掲載する。

　　　　　　　　　　　　　　　　　　　　　　　　　　　平成13年10月4日
　　　　　　　　　　　　　　　　　　　　　　　　　　　（適性捜査専科生）
被疑者取調べ要領

1　事前の把握を徹底する
　○　犯行現場の状況を自分の目で確認し、十分腹入れしておくこと。
　○　捜査記録は納得いくまでよく目を通す。
　○　問題点や疑問点があれば必ず解明する。
　　　（調べ官が迷わされるのはこの辺の詰めが出来てないからである。）
2　被疑者をよく知れ
　○　被疑者の生い立ち、性格、知能程度、家庭環境、家庭状況、身上、趣味などできる限り把握しておく。
　○　被疑者知れば知るほど調べ官は有利である。
　○　前刑の調べ官から聞いておく事も大事である。
　○　他の調べ官とはちょっと違うということを相手に暗黙の内に判らせることも大事である。
3　粘りと執念を持って「絶対に落とす」という気迫が必要
　　調べ官の「絶対に落とす」という、自信と執念に満ちた気迫が必要である
4　調べ室に入ったら自供させるまで出るな。
　○　被疑者の言うことが正しいのでないかという疑問を持ったり、調べが行き詰まると逃げたくなるが、その時に調べ室から出たら負けである。
　○　お互いに苦しいのであるから、逃げたら絶対ダメである。

5 取調べ中は被疑者から目を離すな
　　○ 取調べは被疑者の目を見て調べよ。絶対に目を反らすな。
　　○ 相手をのんでかかれ、のまれたら負けである。
6 被疑者の心を早く読取れ（読心術を身につける）
　　　一対一の勝負、腹の探り合いだから被疑者の心を早く読取れば勝負は早い
7 騙したり、取り引きは絶対にするな
　　　真実を話さささねばならない。嘘偽りは後で必ずバレルれて取り返しがつかなくなる。
8 言葉使いには絶対に気をつけること
　　　被疑者を馬鹿にしたり見下すような言葉は絶対に謹むこと。こちらは大したことでないことであって、被疑者に取ったら一番嫌なことだったりする
9 親身に相手の話を聞いてやることも必要
　　○ 家族や身内のことまた事件に関係なかっても何でも真剣に聞いてやる。
　　○ 同情することも必要である。
10 調べ官も裸になれ
　　○ 調べ官の生い立ち、学校生活、私生活等裸になった話をすることで、同じ人間であることの共感を持つ
　　○ 調べ官は優位に立つことは絶対必要であるが、時には、ある意味では馬鹿になることも必要。
11 被疑者には挨拶・声をかける
　　　留置場内で検房時等必ず被疑者に声をかけ挨拶する。
12 被疑者は、できる限り調べ室に出せ
　　○ 自供しないからと言って、留置場から出さなかったらよけい話さない。どんな被疑者でも話をしている内に読めてくるし、被疑者も打ち解けてくるので出来る限り多く接すること。
　　○ 否認被疑者は朝から晩まで調べ室に出して調べよ。（被疑者を弱らせる意味もある）
　　○ 平素から強靱な気力、体力を養っておく必要がある
13 補助官との意志の疎通
　　○ 調べ官と補助官との間には阿吽の呼吸が必要、タイミングがよいとその一言で落ちることがある。
　　○ 調べ官には、話さないことでも、補助官には、気を許して気軽に話す場合がある。

第4章　私の被疑者弁護事例の攻防

I　はじめに

　私は、数年前に数回に及んで、自分の弁護した被疑者について不起訴事例を報告して、若干の問題点を指摘したことがある。

　私は、年間数十件の起訴前の被疑者事件の弁護を受任している。従って毎月数人の被疑者をかかえているので、毎日の如く公判の始まる午前10時前には被疑者の留置されている警察署に赴いて、1人か2人の被疑者に接見している。時には、午後6時ころから午後9時までの間に接見することも多い。

　平日の午前10時から午後5時までの間は、裁判所における法廷活動や和解調停事件の処理に追われているので、多くの被疑者弁護の接見活動は、通常の勤務時間以外に実施せざるを得ないことになる。このようにして、弁護士業務に追われている私の被疑者弁護の実績はどうであろうか。

II　不起訴事件数について

　私の2000年度において受任した被疑者の事件のうち、不起訴になった事件は別表のとおりである。事件数にして15件、被疑者数にして13人である。

　不起訴事件15件のうち、否認事件は11件、自白事件は4件である。自白事件で不起訴になったのは、起訴猶予例もあるが、その多くは捜査に違法性（違法収集証拠の問題）が存在したものである。逮捕が反覆された別表の6と10、9と11の2人の覚せい剤取締法違反被疑者は、いずれも冤罪と思われるものである。この種の事件の捜査の困難性を示していると共に、捜査手続の違法性（強制的な無令状の捜査や別件逮捕等）が疑われる事例である。

Ⅲ 解任事例

　私の被疑者の弁護例において、突如弁護人を解任される例は、毎年2〜3件あるが、昨年も同様であった。
　そのような解任は、逮捕当初は否認して、勾留の途中で自白に転向する場合になされている。そして、解任事例は全て捜査官の被疑者に対する指導圧力によるものである。そのような捜査官は私について、被疑者に、弁護人を解任させるために次のように私を中傷しているようである。
　「若松が弁護人について、いつまでも否認していると情が悪くなる」
　「若松が弁護していると、検事に保釈を反対されて保釈もとれない」
　「若松は共産党の弁護士であり、いつも警察にたてついている」
　「若松は、ヤクザの弁護士であるが、最近はヤクザからも相手にされなくなった」
　以上のような捜査官の中傷を、被疑者は信じないで私に信頼を寄せてくれる者も多いが、毎年2〜3人はその中傷を信じて、私を弁護人から解任してくる。
　私は、自分の弁護活動が劣等かつ無能で解任されるのは甘受するが、捜査官の中傷、誹謗で解任されるのは納得しがたいので、時々抗議の文書を提出している。全くおかしな捜査官達である。まじめに反撃するには大人げない気もするが、警察では私のことを「若松」ではなく「バカ松」と言われていることを被疑者から聞くこともあり、苦笑せざるを得ない。
　私は自分を特別に能力ある弁護士とは思わないが、能力のある限りは困難な事件でも逃げることなく誠実に処理しているつもりである。捜査官と弁護人はいつもフェアな緊張関係であって欲しいと思う。

2000年度の不起訴の身柄拘束事件一覧表

	勾留日 (逮捕日)	被告人	罪名	自白の有無
1	H12.1.29	B M	恐喝未遂	否認
2	H12.5.20	O T	覚せい剤取締法違反	否認
3	H12.6.21頃 (逮捕日)	H K	覚せい剤取締法違反	否認
4	H12.6.14	I T	窃盗	否認
5	H12.8.17	T N	恐喝未遂	否認
6	H12.8.29	G O	覚せい剤取締法違反	否認
7	H12.8.26	Y K	覚せい剤取締法違反	自白
8	H12.9.28 (逮捕日)	K K	道交法違反	自白
9	H12.9.13	K H	覚せい剤取締法違反	否認
10	H12.9.15	G O	覚せい剤取締法違反	否認
11	H12.10.3	K H	覚せい剤取締法違反	自白
12	H12.10.13	G K	暴力行為等処罰に関する法律 違反・傷害	否認
13	H12.11.30	S K	詐欺	自白
14	H12.11.29	T C	傷害	否認
15	H12.12.6	N S	準強姦	否認

第2部
接見交通権をめぐる攻防

第5章　最高裁判例をめぐって混迷を深める接見交通

I　はじめに

　本稿は、弁護人と被疑者との接見交通に関する最高裁判決をめぐる学説と判例と実務の混乱した動向について考察し、今後の弁護活動の発展に連結する刑訴法39条3項の違憲論の一つの基礎となるべき事実を提供するものである。

　最高裁は、刑訴法39条3項に基づく捜査官の接見指定問題について、1978（昭和53）年7月10日の杉山事件判決（民集32巻5号820頁・以下杉山判決という）、1991（平成3）年5月10日の浅井事件判決（民集45巻5号919頁。以下、浅井判決という）、1991（平成3）年5月31日の若松事件判決（判例時報1390号33頁。以下、若松判決という）等において、いずれも被疑者に対する弁護人の接見に関する捜査官の妨害を原因とする国家賠償請求事件の判決であるが、内容的には、捜査と弁護活動の相剋に関する刑事上の判断を示した。その中心争点は、いうまでもなく、刑訴法39条3項所定の指定要件である「捜査のため必要があるとき」という文言をめぐる解釈である。その解釈をめぐる第1の争いは、条文の「捜査のため必要があるとき」の文理上の一次的解釈であり、第2の争いは、前記3事件の最高裁判例における「捜査のため必要があるとき」の解釈である「捜査の中断による支障が顕著な場合」をめぐる二次的解釈である。

　接見指定問題に関して、条文上の一次的解釈自体も多岐にわかれており、さらに、最高裁の判例の示した一次的解釈に対する二次的解釈もわかれて、

複雑にねじれた多くの解釈が公表されている。したがって、捜査と裁判の実務の運用も統一性を欠き、かなり混乱している。

私は、約10年前に拙著*1を公刊し、接見交通の問題状況について、「特に接見交通の問題は、理念においても実務においても、時期と地域により、絶えず変動している面も多い。捜査官の対応も判例の動向も地域差と個人差が大きく、全体を一律に論じ尽くすことはできない。」と述べたことがあるが、このような複雑な実情は、前記1991年の最高裁の判例後においてもほとんど変化してはいないように見受けられる。前記最高裁の各判断は、接見指定をめぐる解釈上の争いにけじめをつける意味を有するものと期待されていたはずであるが、その最高裁判例の解釈をめぐって、さらに論争が対立激化するという、法的安定の見地からみると誠に遺憾な事態となっている。本稿はこのような接見交通をめぐる学説・判例・実務の混乱状況の一端を整理して識者に提供し、刑訴法39条3項の廃止に向けての適正なる論争の発展を期待する次第である。

II 学説における問題状況

1 文理解釈における学説の不合理性

周知のとおり、刑訴法39条3項の「捜査のため必要があるとき」の解釈については、種々の解釈論が公表されているが、大別すると次のように要約できよう（ただし、筆者自身は捜査の必要を理由に弁護人接見を制限する刑訴法39条3項は違憲であると考えている）。

① 実況見分、取調べ中等の捜査官において現実に被疑者の身柄が必要である場合に限り指定が許され、その間は弁護人と被疑者との接見を認めないで、取調べ等の終了後は接見を自由にできるという説（多数説）

② 取調べ中や実況見分中でも物理的に接見が不可能でない限り、直ちに接見が認められるべきであり、接見指定は弁護人と被疑者の希望する日時に直ちに接見を認めるが、取調べ等の時間を確保するために接見

時間が制限されるとする説
　③　具体的な罪証隠滅のおそれまたは逃亡のおそれが弁護人の接見により現実化するような場合に指定できるとする説
　④　証拠隠滅のおそれまたは捜査全般の必要性がある場合に指定できるとする説

　①は多くの研究者の学説のとる考え方であり、②は弁護実務家、③は渥美東洋教授、④は捜査実務家のとる説であり捜査の実務を支配しているものである。

　接見指定の要件について、前記研究者の①の説は「罪証隠滅のおそれ」は含まないと否定しているが、渥美教授はこれを肯定的に解しており、「取調べ中」については、①の説は肯定し、渥美教授は取調べを目的とする勾留が認められていないことを根拠としてこれを否定している[2]。

　そして、指定の方法について、①の説は、消極的指定（指定要件の存続中は弁護人接見を認めない説）を主張しており、②と④の説は、積極的指定（指定要件の存続中において接見時間を制限して短時間の接見を認める説）を主張している。実務において実施されている接見指定は、消極的指定ではなく、すべて積極的指定であり、その指定も書式化されている[3]。

　ところで、接見指定要件に関する制限説である①の学説は、被疑者が捜査官に糺問されて自白を追及されて困窮している最中には弁護人接見を拒否できるという接見指定を容認する点において、弁護活動の実務上容認できないものである。この点において、学説の制限説は時代遅れの説と言わざるを得ない。④の捜査実務における非制限説は、捜査全般の必要がある場合にはいつでも弁護人接見の時間等を制限できる、という点で絶対的捜査権優位説であって、弁護活動を著しく阻害し空洞化するものである。

　したがって、被疑者が捜査官に糺問されて自白を追及されている場合こそ最も緊急に弁護人の援助が必要であるという憲法上の弁護人依頼権の意義[4]より判断するならば、仮に、刑訴法39条3項の合憲説に従うとしても前記②の説以外に妥当な解釈はないということになろう。この点に関する刑訴法学者の①の多数説における問題意識は希薄のようである。①の学説は、日本の刑事

裁判において自白調書の任意性や信用性が否定されることは極めて困難であるという実態に思いを至していないようである。

上記のとおり、刑訴法39条3項の「捜査のため必要があるとき」の文理解釈について、制限説及び非制限説のいずれにおいても欠陥と難点があることを指摘しておきたい。

2 杉山判決の判例解釈における学説の対立状況

最高裁杉山判決をめぐる学説における解釈と分析はどうか。周知のとおり最高裁は「捜査のため必要があるとき」について、1978（昭和53）年の杉山判決では「現に被疑者を取調べ中であるとか、実況見分、検証等に立ち会わせる必要がある等捜査の中断による支障が顕著な場合」という解釈をなし、1991（平成3）年の浅井・若松判決では、上記杉山判決の指定要件を拡大せしめて、「右にいう捜査の中断による支障が顕著な場合とは、捜査機関が、弁護人等の接見等の申出を受けた時に、現に被疑者を取調べ中であるとか、実況見分、検証等に立ち会わせているというような場合だけでなく、間近い時に右取調べ等をする確実な予定があって、弁護人等の必要とする接見等を認めたのでは、右取調べ等が予定どおり開始できなくなるおそれがある場合も含むものと解すべきである。」と判示するに至っている。

前記両判決を比較すれば明白なように、杉山判決における「現に被疑者を取調べ中」が、浅井・若松判決においては「間近い時に右取調べ等をする確実な予定」にすりかえられてしまったのである。この考え方は、弁護人の接見よりも被疑者の取調べを優位におくものであり、捜査権絶対優位説である。この重大なる解釈の変更が、その後も深刻な禍根を残し、一層解釈上の争いの混迷を深めることになる。

研究者は、前記二つの最高裁判決の解釈をいかに受け止め、解釈しているか。学説の圧倒的多数説（前記①の説）は、指定要件について、制限説を最高裁が採用したものとして好意的に受容しているという現状である。

ところが、前記④の説をとる捜査実務家も、前記最高裁の判決を受容し、最高裁は非制限説の捜査全般説を採用したものと解釈しているのである。この

ように、前記最高裁の判決に対する認識において、全く相対立し矛盾する二つの立場からの解釈が現に成立し存続しているという奇怪な法的現象をいかに考えるべきか。接見禁止決定を受けて厳しい取調に翻弄され、弁護人の援助を十分に受けられないでいる現実の被疑者からみれば、誠に不幸な事態と言わなければならない。このような現実は、杉山判決において制限説を採用しているので杉山判決後の弁護人接見は原則として自由に認められていると認識しているような研究者の楽観説に欠陥があったことを示しており、また、広狭いずれにも解釈が可能な杉山判決自体の致命的欠陥を露呈しているのである。そして、杉山判決後においても、捜査実務家は、捜査全般説（前記④の説）に即して、接見指定実務を強行して、弁護人接見を著しく阻害することができたのである。すなわち、杉山判決は、それ以前の閉塞的な接見指定の実務に対して、なんらの改善変更を迫ることはできなかったのである。のみならず、捜査実務家は杉山判決の拡大解釈に鋭意努力した論説を公表し[5]、ついには、杉山判決における「現に被疑者を取調中」を、浅井・若松判決において「間近い時に右取調等をする確実な予定」に修正変更することに成功したということもできよう。本来、取調等の予定なるものは、捜査官においていつでも作出し、弁明できるものであり、指定の要件をしぼる機能はないものである。

3　浅井・若松判決の判例解釈における学説の対立状況

次に、最高裁の浅井・若松判決に対する解釈はどうであろうか。

浅井・若松判決における「間近い時に右取調べ等をする確実な予定」の問題点については前記のとおりであるが、この判決に対しても、学説の多くは、接見指定の要件に関する限定説を採用したものとして楽観的に受容している研究者が多い[6]。しかし、捜査実務家が公表している論説は、杉山判決の場合と同様、捜査全般説を否定していない、と強調しているものばかりである[7]。そして、捜査実務のハンドブック[8]においても、「この結論自体は準物理的制限説、捜査全般説のいずれからも肯定されると解されるので、接見指定の要件をめぐっては、なお見解の対立が続くものと思われる」と述べている。

すなわち、最高裁は、接見指定の要件をめぐる解釈論について、終止符

打ってはいないのである。弁護人から見れば、「予定」といってもわずかな拡張にすぎない、と善解して*9、右判旨を楽観的に受容することはできない。研究者としては、「判例がここまできた以上、上述のような判例の趣旨が生かされて、その結果、紛争が消えていくのが差し当たって一番のぞましい姿である*10」と言えるかもしれないが、捜査官は、そんなに甘くはないものである。杉山判決についても捜査全般説を否定していないと強調するのが捜査実務家であったことを忘れてはならないのである。また、接見妨害国賠事件における接見妨害の実情をみると、いずれも1日1回約30分間くらいの弁護人接見を直ちに認めてくれたならば、国賠事件として提訴されなかったであろうと思われる事案ばかりであるが、この30分間くらいの接見も容易に認めないのが捜査の実務であるということも忘れてはならない。著名なる研究者らの接見指定に関する論説を通覧すると、捜査官による接見指定の実態を分析することもなく、いずれも糺問的な取調べに呻吟している被疑者の厳しい現実の地位を忘却してしまっているようであり、机上の理論を展開しているものが多いように見受けられる。

III 下級審判例における問題状況

1 下級審判例における分裂した適用状況

　前項において、最高裁判例をめぐる解釈上の論争を明らかにしたが、次に下級審判例が前記最高裁判例を解釈適用する場合において、どのようになっているのか概観してみよう。当然ながら下級審においても、その解釈適用が微妙に分裂して、混乱していることが認められる。これは、前記のように紛糾している論説からの影響でもあろうと考えられる。

　1978年の杉山判決以降の接見妨害に関する接見国賠事件判決は、接見交通権の意義や指定要件について、例外なく杉山事件の判旨を引用している。そして、杉山事件の判旨の解釈としては、指定の要件のなかに罪証隠滅のおそれのある場合は含まない、と明示しているものが多いが、具体的な適用については微妙に相違している。

　接見指定の要件について、取調べ予定を含むと解している例としては、神

戸地裁昭和50・5・30判決（判例時報789号74頁）がある。その後の福岡地裁昭63・4・27判決（判例時報1283号124頁）、札幌地裁昭63・6・23判決（判例時報1283号33頁）、福島地裁平2・5・28判決（判例時報1359号107頁）、福島地裁郡山支部平2・10・28判決（判例時報1370号108頁）、京都地裁平元・5・16判決（判例タイムズ696号238頁）においては、指定要件として取調べ予定を含むとは明示してはいないが、取調べに準じる場合も含むとしているのは、以上のうち札幌地判、福島地判、福島地郡山支判である。

このように、下級審判例も最高裁の判例を解釈適用するに当たり、いろいろ語句を変えて苦心している様子がうかがわれる[11]。

2　矛盾する二つの高裁判例

ところで、控訴審の判決において、弁護士を原告とする類似の接見妨害事例について、全く相反するような同時期の2件の事例が存在する。それはいずれも仙台高裁において、1993年4月に言い渡された同高裁第一民事部（同年4月27日判決・判例集未搭載）の原告請求認容の判決と同高裁第三民事部（同年4月14日判決・判例時報1465号70頁）の原告請求棄却の判決である。前者は、国からの上告もなく高裁段階で確定し、後者は、原告側の上告により最高裁に現に係属中であり、近く憲法判断がどうなるか注目されている事件である[12]。

前記各高裁判決は、いずれも、前記最高裁判例を引用しているが、前記第三民事部の判決は、事案の内容においてやや悪質と思われる接見妨害があったにもかかわらず、原告側の勝訴した一審判決を取り消して原告の請求を棄却したものであり、前記第一民事部判決は、一審の認容額にさらに金20万円を上乗せして原告側の請求を認容したものである。

このように、前記二つの判決の結論が分かれたのは、前記第一民事部判決が前記最高裁判決を限定的に解釈したからであり、第三民事部判決は捜査実務家が主張するように、前記最高裁判決を拡大解釈しているからである。その要点は、検察官が弁護人に具体的指定書の持参を要求したことについて、第一民事部は違法と判断し、第三民事部は取調べ予定を拡大解釈して適法と判

断したことにある。

　このように、その実際の解釈適用において、極端に分かれてしまうような前記最高裁判決は、法的安定をはかるべき最高裁判例の責務からみても、極めて問題のあるものと言うべきであろう。

Ⅳ　捜査実務における問題状況

1　接見指定に関する捜査実務の理論
　捜査実務家は、前記最高裁判例について、接見指定の要件につき、捜査全般説を容認しているとして、その指定実務を運用しようとしていることは前述した。公表された捜査実務における接見指定に関する理論は、次のようなものである[13]。

　「ところで、この『接見指定問題検討会』では、五回にわたって（一）接見指定の要件、（二）指定を行う事件の選定、（三）指定の方法、（四）指定を受けないで接見を求める弁護人等への対応、（五）執務時間外に接見の申出があった場合の対応などについて検討を加え、刑訴法三九条三項の『捜査のため必要があるとき』の意義については、およそ捜査上何らかの支障が生じるおそれがある場合というほど広義のものではないが、被疑者を取調べ中であるなど被疑者の身柄そのものを現に利用して捜査を行っている場合のみに限定されるものではなく、当該事案の内容、捜査の進展状況、弁護活動の態様などの諸般の事情を総合的に勘案し、弁護人等と被疑者の接見が無制約に行われるとしたならば、捜査機関が現に実施し、又は今後実施すべき捜査手段との関連で、事案の真相解明を目的とする捜査の遂行に支障が生じるおそれが顕著と認められる場合をいうものと解するのが相当であるとの立場に立ちつつ、（一）指定権の行使が被疑者の防禦活動に必要な弁護人等との接見を捜査遂行の観点から制約するやむを得ない措置であることにかんがみると、接見の申出があった場合に、指定要件の有無について十分な検討をすることなく、常に指定権を行使するような運用は相当ではないので、申出のあった都度、指定要件の有無を的確に判断し、申出に係る接見を認めることが相当でない場合は、捜査

に支障のない他の日時を指定することとする一方、指定要件がない場合には、指定に関する通知書を発している事件であっても、指定権を行使せずに接見を認めるという運用を行うべきであること、(二) 書面による指定を原則とすることは、これまでの事例で明らかなように弁護人との間で指定書の持参要求を巡って無用の紛議を招くばかりでなく、指定の要件がある場合の迅速な指定が行われなくなるおそれがあるから、指定権者である検察官等が状況に応じて書面、口頭のいずれによるかを適切に判断すべきであること、(三) 指定権を行使する場合の接見の時間及び回数についても、画一的な運用を行うことなく、事案に応じて弾力的な運用を行うべきであること等の運用指針を定め、これを各検察官に周知徹底させることとした。」

前記の指定の要件に関する検察庁の見解は、前記最高裁判決を拡大解釈すれば成立しうるものであって、いわゆる限定説でないことは明白である。

2　混乱している接見指定の実務の状況

それでは、現実の捜査における接見指定の実務はどうなっているであろうか。

平成になってからは、悪評の旧一般的指定書の書式を改めて、「接見等の指定に関する通知書」として、検察官が代用監獄の長のみに交付して、弁護人には交付せず、そのうえで、弁護人の接見の都度、接見指定をする態勢になっている。そして、右通知書が発出された事件について検察官は、弁護人が要望すれば、指定の要件の有無にかかわらず、具体的指定書をファックスで弁護人に送信しているようである。筆者はファックスによる指定書も受けたことはないが、従前の具体的指定書が「被疑者の実況見分、取調中等の捜査の中断による支障が顕著な場合」に限り発行されるということはほとんどなかったことを思うと、違法な指定を前提にした指定書をファックスで送信しているのであろう。

しかし、捜査の中断による支障が顕著な場合に該当しないとして、弁護人が接見指定を受けることを拒否して指定書を受領せずに代用監獄に赴いて直接接見を申し込むと、指定もなく接見を認めているのが現実ではあるが、留置係

官は、弁護人の接見について検察官の了解をとりつけるための連絡に右往左往して混乱する場合があり、被疑者が代用監獄に在監していたとしても、時に30分以上も待たされる場合もある。もちろん、「接見等の指定に関する通知書」が発出されていても、留置係官の判断で直ちに弁護人接見を認める場合もある。また、接見禁止決定（刑訴法81条）のない被疑者については、取調べ中であったとしても、接見指定をすることはないようである。このように、接見指定の実務は、弁護人の対応によっても異なっており、必ずしも統一的に運用されてはいない。すなわち、弁護人の対応、または、検察官や留置係官の判断によって、相当にその運用が異なっている。それは、前記の検察庁の運用指針が抽象的であるせいもあろうが、最高裁判決について、弁護人が限定的解釈に基づく主張をして、毅然とした姿勢で接見を申し込むと捜査機関側も柔軟に対応してくるからである。また、現場における説得の力関係（理論武装の強弱）によって接見指定の実務の運用が左右されることもある。このような現実は、弁護人が接見することによって「捜査の中断による支障が顕著な場合」が生ずるということがほとんどないことを示している。筆者は平成になってから、具体的指定なるものを明白に受けたことはないが、不当に待機せしめられたことは数回はあり、そのうち、悪質と思われる事例について、1998年8月に3回目の国賠訴訟を提起している。最高裁の若松判決が、被疑者が留置場にいる場合でも、弁護人に対して接見指定の可否につき検察官が判断するまで弁護人を28分間待機せしめたとしても違法でないと判示しているが、この全く無駄な時間の待機容認論が接見指定の要件がない場合でも悪用されて、ときどき、弁護人の円滑な接見を阻害しているのである[14]。この点でも、前記最高裁判決は禍根を残している。このように、前記最高裁判決については、欠陥が多く、能率的な接見の事務処理を阻害しているので、すみやかに是正されなければならないと考えられる[15]。そして、接見指定の不合理な実務について、解釈論による是正が不可能ならば、刑訴法39条3項は、弁護人依頼権を保障した憲法34条に違反するものとして、直ちに廃止すべきである。

［注］

*1 拙著『接見交通の研究——接見活動の閉塞状況の分析と展望』（日本評論社、1987年）あとがき参照。最高裁判決を総合的に批評したものとしては、柳沼八郎＝若松芳也編『接見交通権の現代的課題』（日本評論社、1992年）を参照。

*2 渥美東洋『刑事訴訟法』〔新版〕（有斐閣、1990年）40頁、同「被疑者と弁護人との接見に関するいわゆる一般的指定を取り消した二つの事例」判例タイムズ222号（1968年）93頁。

*3 昭和62年12月25日の法務省訓令に基づく検察官のなす具体的指定の書式は次のとおりである。

様式第49号（刑訴第39条／規程第28条）

指　定　書	
殿	昭和　年　月　日 　　　　　　　検察庁 検察官　検事 被疑者
捜査のため必要があるので、上記の被疑者との接見又は書類若しくは物の授受に関し、下記のとおり指定する。	
接見等の日時及び時間	昭和　年　月　日 午　時　分から午　時　分までの間に　　間
接見等の場所	
備考	

（用紙　日本工業規格B5）

*4 樋口陽一ほか『注釈日本国憲法　上』（青林書院、1984年）740頁〔佐藤幸治執筆部分〕は、次のように言う。

　　「依頼する権利」の意味——弁護人依頼権は、単に形式的に弁護人を選任する権利を有するということにとどまらず、被拘束者がその自由や権利を防衛する上で最も必要なときに実質的に法律専門家の補助を得られる権利として理解されなければならない（同旨、佐藤功『憲法　上　新版』ポケット注釈全書〔有斐閣、1983年〕542〜544頁、有倉遼吉＝小林孝輔編『基本法コンメンタール　第3版　憲法』別冊法学セミナー78号〔1986年〕150頁〔江橋崇執筆部分〕、鈴木茂嗣「不法な抑留・拘禁からの自由」樋口陽一＝佐藤幸治編『憲法の基礎』〔青林書院新社、1975年〕368頁等）。

*5 接見妨害の国賠事件における国側の主張は次のようなものである。
　「当該事件の内容、捜査の進展状況、弁護活動の態様など諸般の事情を総合的に勘案し、弁護人等と被疑者の接見が無制限に行われるならば、捜査機関が現に実施し、又は今後実施すべき捜査手段との関連で、事案の真相解明を目的とする捜査の遂行に支障が生ずるおそれが顕著と認められる場合」

*6 例えば、田宮裕教授は次のとおり述べている(「接見指定に関する最高裁判例」ジュリスト989号〔1991年〕82頁)。
　「捜査の全般的必要説の余地を封じて杉山事件を守った苦心の判示というべきである。限定説的な判例の基本線はこうして『残った』といってよい。」

*7 捜査実務家の論説には次のようなものがある。
　① 馬場義宣「刑訴法39条3項による検察官の接見指定について」法律のひろば44巻10号(1991年)43頁。
　② 佐久間達哉「刑事判例研究」警察学論集44巻9号(1991年)142頁。
　③ 河上和雄「接見指定の必要性と指定の方法」判例タイムズ764号(1991年)79頁。
　④ 大沼洋一「国家賠償法入門」研修1991年10月号79頁・同11月号89頁。
　⑤ 馬場義宣「接見指定に関する平成3年5月10日最高裁判決について」研修1991年12月号13頁。
　⑥ 最新判例研究会「取調べ予定と接見指定」捜査研究1992年1月号114頁。
　⑦ 廣畑史朗＝村木一郎「接見交通をめぐる諸問題(上)」警察学論集45巻1号(1992年)201頁。

*8 警察庁刑事局編『捜査実務ハンドブック2』(1995年)4123頁。

*9 前掲注6の田宮論文83頁、高田昭正「接見指定の要件と手続」『平成3年度重要判例解説』(ジュリスト1002号、1992年)173頁。

*10 前掲注6の田宮論文84頁。

*11 札幌地裁昭63・6・23判決、福島地裁平2・5・28判決、福島地裁郡山支部平元・10・28判決、京都地平元・5・16判決等は、指定の要件について「罪証湮滅のおそれは含まない」または「捜査全般の必要性をいうものではない」と明示している。

*12 本件については、最高裁大法廷において、1999(平成11)年3月24日に刑訴法39条3項の合憲判決がなされた。なお、上告審については、最高裁平11・3・24判決〔判例タイムズ1007号106頁〕及び最高裁平12・2・22判決は〔判例タイムズ1040号117頁〕を参照。

*13 前田宏(元検事総長)「シャワーと石けん」法曹1989年1月号2頁、同「年頭所感」研修1989年1月号5頁。

*14 　待機容認論について、私は次のように批判したことがある（前掲注1・『接見交通権の現代的課題』143頁）。
　「浅井・若松両事件のごとく、弁護人接見の申出の当時被疑者が取調室に出ていないで留置場の中にいる場合は、直ちに弁護人は被疑者と接見が可能であるから、待機せしめる必要はないのであり、仮に取調べ予定があったとしても、取調べ開始時刻が到来するまでは直ちに自由に弁護人の接見を認めておいて、取調べ開始時刻が到来した時点でなお弁護人接見の継続が捜査に顕著な支障を及ぼす場合に限り接見時間等の制限の指定をすればよいのである。これで十分なはずである。判旨は28分間の弁護人の待機も合理的というが、直ちに弁護人の接見を認めておくならば、通常はその30分くらいで弁護人は接見を終了し帰ることが多いと思われるし、それに弁護人を面前に待機せしめてオロオロしている警察職員の苦渋も、弁護人がすみやかに接見終了して退去してくれることにより大いに軽減されることになろう。右判旨に従うならば、行政事務の迅速な合理的処理を阻害することになることは疑いなく、弁護人のみならず捜査に関与しない留置係官も大いに困窮することがあろう。」

*15 　私は、刑訴法39条3項が改廃されない場合には、次のように接見指定の実務が是正されるべきであると考えている（前掲注1『接見交通の研究』4頁）。
　「したがって、被疑者の取調中等の指定の要件のない場合には、刑訴法81条の接見禁止決定があったとしても、接見禁止決定のないときに捜査実務が実施しているのと同様に、指定もなく自由に被疑者と弁護人との接見は認められるべきである。
　また、捜査官は、取調中等の指定の要件が存する場合に限り、弁護人と被疑者との接見を指定できるが、その指定は実況見分や取調中の時間は接見を許さないという指定ではなく、実況見分や取調中であるから接見の時間を短くしてくれという指定、すなわち、実況見分や取調中でも直ちに接見を認めるがその接見時間は15分とか30分に制約指定する、というのが本来の指定のあり方と思われるのである。このように、右最高裁の判例も理解すべきであると思う。実際にも、被疑者の取調中や調書作成中の場合にこそ、最も弁護人は被疑者と緊急に接見する必要があるものであり、取調が終了して被疑者の供述調書が完成した後に、弁護人が接見しても手後れの場合が多い。なぜなら、いったん被疑者の供述調書が完成してしまうと、公判において、その任意性や証明力を否定することは実務上極めて困難であるからである。
　このような弁護実務からみると、前記理想的と称する具体的指定のあり方に関する学説は憲法34条に反しているのみならず、弁護活動の効果的な展開を阻害する極めて非現実的なものと言わざるを得ない。」

第6章　接見禁止決定と文書の授受

I　はじめに

　刑訴法81条は、被告人と弁護人（弁護人となろうとする者も含む）以外の者との接見又は物の授受等の禁止ができる場合を定める。これは刑訴法207条1項により被疑者にも適用される。これらを接見禁止決定と略称する。この接見禁止決定は、次のような問題をかかえている。
　① 　数年前からの接見禁止決定の激増、乱用
　② 　接見禁止決定に関する一部解除又は抗告
　③ 　第三者作成文書の弁護人による差入宅下の取次ぎの可否
　④ 　接見禁止決定の社会的又は訴訟上の影響
　本稿は、上記各問題点の全てについて論述するものではなく、最近（平成13年）懲戒請求されたと新聞等で報道されている共犯者間における弁護人を介しての手記、手紙等の宅下及び差入について若干の考察を加えて、私見を述べるものである。

II　問題の所在

　接見禁止決定は、最近は特に激増していると言われている。最高裁の統計によれば、接見禁止の決定人員数は1994年に18,681人であったところ、2000年には37,439人となっており、6年の間に約倍増していることが認められる。私の実務的体験によると、起訴後の被告人に対する接見禁止の決定は特に増加率が顕著のように思われる。
　このような接見禁止決定を受けた場合に最も困るのは、親族友人と交流を

断たれた被疑者・被告人であることは勿論であるが、弁護人にとっても困る事態になる。弁護人にとって何が困るかと言うと、本来の法的な弁護活動のみならず、弁護人が被疑者・被告人と親族友人らとの間の伝言や手紙等の沢山の取次ぎを、頻繁にしなければならないことである。

　家族や友人の出来事や商取引等の雑事に関して、弁護人は忙しくメッセンジャーとしての役目をしなければならないのである。1週間に1回位のメッセンジャー役なら我慢できるが、毎日の如く手紙や伝言の取次ぎを要求されると、弁護士の日常業務にも支障が生じかねないし、その取次ぎを怠ると被疑者・被告人の信頼をも失うおそれもある。

　このような場合には、接見禁止決定を恨めしく思う時がある。特に、殆どの接見禁止決定は、真に罪証隠滅のおそれ等がある場合に限定してなされておらず、否認する被疑者・被告人に対して、報復又は制裁としてなされている場合が多いことを思うと、接見禁止決定は、実に非人道的な制度であるといわなければならない。

　このような被疑者・被告人について、外部との伝言や手紙の取次をするのは弁護人しかできないのであるが、弁護人がそのメッセンジャー役をする場合にはどのような制限があるのか。これが本稿の主題である。

Ⅲ　接見禁止決定の効力の相手方と範囲

1　刑訴法81条の接見等禁止決定は、弁護人以外の者と被疑者・被告人との接見や物の授受を禁止するものであるから、弁護人に対して効力が及ばないことは文言上明らかである。従って弁護人は、接見禁止決定を受けた被疑者・被告人との手紙等の物の授受について、刑訴法39条第1項に基づき原則として自由にできることになる。

　即ち、弁護人は、被疑者・被告人から友人知人等に対する手紙等を自由に宅下げして、これをその友人知人等に交付すること及び友人知人からの手紙を差入することもできるのであり、また、そのような文書等の取次を積極的に遂行して、拘禁に伴う被疑者・被告人の苦痛と不便を和らげることも弁護活

動の一つである。

2 ところが、接見禁止決定を受けた被疑者・被告人から第三者宛の文書を宅下げし弁護人がこれを第三者に交付すること及び第三者の文書を差入することは刑訴法81条を潜脱する行為であって許されない、と主張する考えがある（尾崎道明「弁護人と被疑者との物の授受」［参考文献］参照）。

その理由は、必ずしも明らかではないが、弁護人の防御と関連しないので許されないというのか、罪証隠滅のおそれがある場合には許されないというのか。同論者は、接見禁止決定を受けた被疑者より、第三者宛の手紙を弁護人が宅下げして、これを第三者に交付するのは、接見禁止決定を「潜脱」するものである、と決め付けているが、なぜ「潜脱」になるのか明らかではない。「潜脱」と決め付けること自体が、短絡的な思考であると思われるが、弁護人が刑訴法39条1項に基づき被疑者・被告人から手紙の宅下げを受けて、これを受領できることは当然の権利であり、これを制限できる法令上の根拠はない。

仮に、その手紙の内容に罪証隠滅や逃亡をはかること及び他人を脅迫すること等が記載（以下、違法文書という）されていたとしても、弁護人がこれを宅下げ受領することは許されるのである。

しかし、このような違法文書を受領した弁護人が、これを第三者に交付してよいかは、別個に考察する必要がある。また、弁護人が第三者から託された違法文書を被疑者・被告人に差入れする場合も別個に考察しなければならない。

私は、被疑者・被告人から受領した文書が違法文書である場合は、弁護人の責任において、これを第三者に交付してはならないと考える。同様に、弁護人が第三者から託された文書が違法文書である場合には、これを被疑者・被告人に差入れしてはならないと考える。これは、接見禁止決定があるからではなく、違法行為には加担してはならない、という弁護士倫理上の制約（旧弁護士倫理8条・14条・54条、弁護士法56条1項）があるからである。弁護人は、専門家として健全な裁量により厳しい倫理上の自己規制をしなければならないと考えている。

即ち、接見禁止決定の有無にかかわらず、防御活動として必要でない限り弁護人は違法文書の取次をすべきでないのである。また、違法文書でない限り、弁護人は自由に文書の取次をしてもよいのである。

3 前記の尾崎説によると、接見禁止決定がない場合には、弁護人は違法文書でも取次が許される如く解されるようであるが（但し、このことを明言してはいないが）、それは、接見禁止決定と弁護士倫理上の制約を混同し、また、刑訴法39条と同81条の法理上の区別をしていないものと言うべきである。

また、弁護人が被疑者と文書の授受をする場合は、刑訴法39条3項による捜査官の指定もありうるが、これは授受自体を禁ずるものではないので、この指定の問題は、ここでは論外とする。被告人との文書の授受の場合は、この指定もないので、法文上その自由性が若干広いことになる。

4 接見禁止決定を受けた被疑者・被告人からの第三者宛の文書を弁護人が宅下げして取次ぐ場合や、第三者からの文書を被疑者・被告人に差入する場合は、裁判所の一部解除決定を受けるべきだと考える説もあるようである。

この考えは、前記「潜脱」説からの批判をかわす苦肉の説のようではあるが、失当であると考える。何故か。第1に、刑訴法81条の決定が弁護人にも効力が及ぶことを前提にしている点で誤っており、第2に、違法文書の判断を裁判所に任せる点で、弁護人の防御に関する裁量権を制限するおそれがあるから不当であり、第3に、弁護人の秘密交通権が侵される危険がある、と考えるからである。

私見によれば、仮に裁判所が許可したとしても、弁護人が違法文書（例えば、暗号文書）と判断した場合には、原則としてその違法文書を取次いではならないと考える。

IV おわりに

本件の問題は、共犯者が作成した各文書を双方の各弁護人が取次いで、

共犯者が授受したという理由で、弁護人が検察官より懲戒請求を受けている事案とかかわる重大な問題である。

　本稿においては、刑訴法81条の問題に限定して論じたものである。弁護士倫理上の問題としては、かなり議論が分かれるものと予想され、各弁護士において充分に勉強して、しっかりした知識と理論を備蓄しておく必要があろう。

　　［参考文献］
　　浦功「刑訴法81条の接見等禁止と弁護活動」浅田和茂ほか編『刑事・少年司法の再生　梶田英雄判事・守屋克彦判事・退官記念論文集』（現代人文社、2000年）199頁。
　　大西英敏・小坂井久「接見禁止」季刊刑事弁護26号（2001年）81頁。
　　尾崎道明「弁護人と被疑者との物の授受」平野龍一ほか編『新実例刑事訴訟法Ⅰ』（青林書院、1998年）182頁。
　　日弁連・接見交通権確立実行委員会『接見交通権マニュアル』3版（2001年）23頁。
　　高野弁護権訴訟弁護団編「被告人と弁護人のコミュニケーション――高野弁護権訴訟の記録」（未公刊、1997年）。
　　新倉修「接見等禁止のある場合における弁護人からの差入」村井敏邦＝後藤昭編著『現代令状実務25講』（日本評論社、1993年）201頁。
　　若松芳也『接見交通の研究――接見活動の閉塞状況の分析と展望』（日本評論社、1987年）135頁。

　　［追記］
　　　旧弁護士倫理は、2005年3月31日をもって廃止され、同年4月1日より弁護士職務基本規程が施行された。

第7章　不条理な刑訴法39条3項を削除せよ

I　時代錯誤の最高裁大法廷判決

1　21世紀になっても近代化されない接見交通権

　私は、1987年3月に公刊した拙著において、次のように接見交通に関する学説の現状を批判したことがある*1。

　「接見交通に関する憲法論は、学説上は極めて遅れており未開拓である。アメリカ最高裁のミランダ判決（1966年）などと比較すると、わが国の接見交通に関する憲法論は20年以上も遅れていると言っても過言ではなく、その未熟性は覆うべくもない。」

　上記拙著を公刊してから、12年後の安藤・斎藤事件において、1999年3月24日になされた接見交通権の憲法上の問題点についての最高裁大法廷判決は、刑訴法39条3項は憲法34条、37条3項、38条1項に違反するという上告人安藤らの法令違憲の主張に対して「論旨は理由がない」と判示して、われわれの主張を一蹴した。

　即ち、捜査の都合によって弁護人の接見等を制限できる刑訴法39条3項を合憲とした上記最高裁判決は、被疑者の取調べにおける弁護人の立会を認めたミランダ判決等と比較すると、日本の捜査の適正手続論が30年以上も遅れていることを、国の内外に宣言したということができる。

　欧米等のほとんどの諸国においては、取調べにおける弁護人の立会権、時間的制限のない自由なる弁護人の接見交通権、取調べのテープ録音制度等が保障されているにもかかわらず、わが国においては、かかる取調べの可視化をはかる制度が存在しないのみならず、弁護人接見についても、捜査上の必要性があれば時間的制約を受けて自由に実現できない場合がある。このことは、

その捜査手続の後進性を示しており、比較法的にみても異常というほかない。

　最高裁は、世界的にみてもすぐれた、現代的なわが日本国憲法の前文にある、「国際社会において、名誉ある地位を占めたいと思ふ」という高い理念を忘却しているようであり、わが国の前近代的と批判されている捜査に対して、先進的な文化の灯を投射することを拒否して、その近代化を阻止しているという、刑事手続における人権後進国としての実情を、判決をもって国際的に示したことになる。そして、この現状は21世紀にも引き継がれることになろう。

　1998年11月の国連の自由権規約人権委員会において、日本の人権保障の不充分さが厳しく指摘され、裁判官等に対して、国際人権法の研修がなされる必要があると勧告されているが・2、かかる国際人権法の研修が最も緊急に必要なわが国の法執行機関は、最高裁の15名の裁判官ということになるようである・3。

2　更に混迷を深める接見交通

　われわれ安藤・斎藤事件の弁護団が、違憲論の中で指摘したことは、刑訴法39条3項は、弁護人の援助を受ける権利を保障した憲法34条及び37条3項、供述拒否権を保障した38条1項に違反するので無効である、というものである。

　これに対して前記最高裁判決は、憲法34条の規定について、「単に被疑者が弁護人を選任することを官憲が妨害してはならないというにとどまるものではなく、被疑者に対し、弁護人を選任した上で、弁護人に相談し、その助言を受けるなど弁護人から援助を受ける機会を持つことを実質的に保障しているものと解するべきである。」と判示して、正当な解釈の片鱗を見せてはいるが、被疑者の弁護人等との接見交通権は、刑罰権ないし捜査権に絶対的に優先するような性質のものではないので、接見交通権の行使と捜査権の行使との間に合理的な調整を図らなければならないとし、続いて、「憲法34条は、身体の拘束を受けている被疑者に対して弁護人から援助を受ける機会を持つことを保障するという趣旨が実質的に損なわれない限りにおいて、法律に右の調整の規定を設けることを否定するものではないというべきである。」と判示する。

即ち、憲法の保障する被疑者の弁護人から援助を受ける権利は、捜査権との合理的な調整のもとで行使される必要があるので、「捜査のため必要があるとき」に弁護人接見の日時等を捜査官が指定することは、必要やむを得ない例外的措置として憲法上も許容される、というのである。
　そして、「捜査のため必要があるとき」とは、「弁護人等から接見等の申し出を受けた時に、捜査機関が現に被疑者を取調べ中である場合や、実況見分、検証等に立ち会わせている場合、また、間近い時に右取調べ等をする確実な予定があって、弁護人等の申出に沿った接見等を認めたのでは、右取調べ等が予定どおり開始できなくなるおそれがある場合などは、原則として右にいう取調べの中断等により捜査に顕著な支障が生ずる場合に当たると解すべきである」（昭和53年7月10日第一小法廷判決、平成3年5月10日第三小法廷判決、平成3年5月31日第二小法廷判決参照）という。
　この最高裁の考え方は、接見指定要件に関する制限説を採用している、と楽観的に受容している識者も少なくないが、実務はそんなに単純ではない。要するに、上記判示によれば、被疑者の弁護人の援助を受ける憲法上の権利なるものは、取調べ中又は取調べの予定があれば、弁護人接見を「申出とは別の日時とする」か「接見時間を申出より短縮させることができる」というのである。この結論は、被疑者の弁護人依頼権よりも「合理的な調整」という名のもとで、捜査権を常に優位におく考えである[4]。この点において、捜査関係者の主張する接見指定要件に関する捜査全般必要説[5]にも受容される余地も生ずる。
　憲法34条には、「直ちに弁護人に依頼する権利を与へられなければ、抑留又は拘禁されない」とあるので、捜査権行使の前提としての弁護人依頼権を位置づけていると解されるが、仮に、両権利が憲法上の価値判断において同等であったとしても[6]、常に捜査権を優先させるのは不当である。
　上記判示を有利に援用する捜査官よりみれば、取調べ中のみならず、間近に確実な取調べの予定があれば、これを優先させることができると考えて、常に取調べを優先して刑訴法39条3項の接見指定権を行使できるということになる。
　これが捜査関係者の主張でもある。これでは、最高裁が憲法で保障してい

るという弁護人依頼権なるものは画餅に等しいというべきである。何故なら、被疑者にとって弁護人の援助が最も実質的に必要な場合とは、厳しく追及されて困窮している取調べ中の時であるからである。このようなことは、憲法の教科書でも強調されていることである*7。

　被疑者の取調べが終了して自白調書が完成した後に、弁護人接見が認められたとしても、弁護人の実質的な援助を受けたということにはならないのである。何故なら、弁護人の援助を受ける前に、意に反する供述調書を録取されるおそれが多いからである。特にわが国では、一旦被疑者の供述調書が作成されると、虚偽自白であっても、公判においてその任意性、信用性が否定されることは殆どない。日本におけるいわゆる調書裁判の危険性について、最高裁は全く鈍感のようである。

　最高裁は、上記判示の如く解しても、「接見交通権を制約する程度は低い」とか、「弁護人依頼権の保障の趣旨を実質的に損なうものではない」と説示するが、そのような最高裁の短絡的な貧弱な理解には驚くほかなく、最高裁は接見交通権の真の意義と重要性を本当に理解しているのか、と疑問を呈せざるを得ない。

　上記最高裁の接見指定の要件に関する解釈の理論展開を分析すると、憲法上の弁護人依頼権の抽象的な解明については正当なる解釈の片鱗を見せてはいるが、その具体的な実務上の指針を示している部分においては弁護人の援助を受ける権利を形骸化させるような内容を示しており、理論の展開に整合性があるとは言えず、本判決もまた竜頭蛇尾のそしりを免れないであろう*8。

　また、前記大法廷判決は、接見交通権に関する最初の憲法判断であるが、合憲判決であるうえに、解釈の仕方によっては1987年の杉山判決や1991年の浅井・若松判決（本書第5章参照）の内容を更に後退させるような部分も含んでいるので*9、従前と同様に、その解釈適用をめぐって接見指定要件に関する制限説又は捜査全般必要説のいずれからも容認するような解釈がなされて、今後においても、更に接見指定の実務の混迷を深めることになろう*10。

　そして、弁護人接見に対する捜査官の接見指定権の濫用防止又は不合理な運用実務を是正する効果は殆ど期待できないと思われる。

以下においては、接見指定実務の極めて不条理な運用を明らかにし、刑訴法39条3項の削除の必要性を明らかにする。

II　不条理な接見指定実務の理論運用

1　接見指定の要件に関する実務の理論

　最高検察庁は、刑訴法39条3項の本文に基づき、被疑者と弁護人との接見に関して、接見指定をする場合の要件たる「捜査のため必要があるとき」の解釈について、前記最高裁判決のいう「接見等を認めると取調べの中断等により捜査に顕著な支障が生ずる場合」という文言にこだわることなく、「当該事案の内容、捜査の進展状況、弁護活動の態様などの諸般の事情を総合的に勘案し、弁護人等と被疑者の接見が無制約に行われるとしたならば、捜査機関が現に実施し、又は今後実施すべき捜査手段との関連で、事案の真相解明を目的とする捜査の遂行に支障が生じるおそれが顕著と認められる場合」と、独自の見解を公表[11]しているが、この検察庁の公式見解が、検察関係者の論説や接見妨害国賠訴訟における国の主張において、例外なく繰り返し述べられている。

　この検察庁の見解は、新しい捜査全般必要説ともいうべきものであり、捜査官に有利になるように、最高裁判決を拡張的に官僚的に解釈しているのである。捜査実務では、このような捜査全般必要説が、現在においても容認しうるものとして、接見指定の実務を支配しているのである。従って、弁護人が被疑者と接見する場合において「事案の真相解明を目的とする捜査の遂行に支障が生じるおそれが顕著と認められる場合」には、いつでも接見指定を受ける可能性がある、ということになる。

　検察庁は、最高裁大法廷判決における「接見等の日時等の指定はあくまでも必要やむを得ない例外的措置」なるものは、その程度のものであるというわけである。

2　接見指定の実務の実際

　接見指定の実務の実際の運用は、どうなっているか。

　その運用の実際には、理論的にみて理解に苦しむ点が多いが、旧一般的指定が廃止された1988年以降の接見指定の実務の運用は次のようである[12]。

①　検察官等が指定権を行使することがあると認める場合には、監獄の長等に対して、その意図を通知する「接見等の指定に関する通知書」を発出する。

②　「接見等の指定に関する通知書」の発出された被疑者に対して、弁護人が接見等を申し込んで来た場合、留置係官は、指定書があれば指定書に従って接見を認め、指定書がなければ指定権者である検察官等に接見指定の有無を照会して、検察官等の指示に従って接見を認める。

③　「接見等の指定に関する通知書」が発出されていない被疑者に対して、弁護人が接見を申し込んで来た場合には、指定権者である検察官に照会することはない。仮りに、署内で取調べ中であったとしても、指定もなく直ちに接見を認める。

　以上のような接見指定の実務は「捜査の中断による支障が顕著な場合」又は「捜査に顕著な支障が生ずる場合」に限定して、接見指定をしているといえるかというと、決してそうではないのである。

　私の個人的体験によれば、「接見等の指定に関する通知書」の有無にかかわらず、不当な待機を強いられたことはあったが、平成になってから明白な接見指定を受けたことはない。私は、年間数十件の被疑者の弁護を受任しており、その大半は、刑訴法81条の接見禁止決定を受けている事件ではあるが、この10年間位の間に「接見等に関する通知書」を、こっそりと留置係官よりみせてもらったことは3回ぐらいであり、しかし具体的指定もなく、被疑者との接見をして来た。

　ところが、この約10年間において、私が留置係官に被疑者との接見を申し込むと、留置係官は私を直ちに接見室に案内せず、不当な待機をさせて、検察官に電話連絡をしてから接見を許容していたケースが数件あり、このようなケースは、「接見等の指定に関する通知書」が発出されていたものと推定され

る。しかし、確認はできていないので真相は不明であるが、私の第三次若松国賠訴訟・13においては、被告国より「接見等の指定に関する通知書」が書証として提出されている。この事件においても、私は、接見申込み後検察官の指示を受けるまで10分間ないし45分間ぐらい、不当に待たされたことや接見を中断されたことはあったが、1回も具体的な接見指定なくして接見ができている。

3　接見指定実務の不条理性

(1)　接見指定の要件である「捜査のため必要があるとき」について、前記のとおり最高裁判決では、「取調べの中断等により捜査に顕著な支障が生ずる場合」とされているが、検察実務では、「事案の真相解明を目的とする捜査の遂行に支障が生じるおそれが顕著と認められる場合」とされる。この文理的な解釈の違いをいかに評価すべきか。

　検察実務では、判例の見解と検察の見解は矛盾しないと評価しているが、学説では判例について「捜査の全般的必要説の余地を封じて、杉山事件を守った苦心の判示」と評価する者・14もあるが、捜査全般説に近いという者もいるのである・15。刑訴法39条3項の違憲説及び制限説（物理的限定説及び物理的不能説）によれば勿論不当であるが、判例の「捜査に顕著な支障が生ずる場合」という考えに従ったとしても、検察のいう「捜査の遂行に支障が生ずるおそれが顕著と認められる場合」と解することは、理論を無視した不当な拡大解釈であると思われる・16。

　何故なら、判例の「捜査に顕著な支障が生ずる場合」のみではなく、「捜査の遂行に支障が生じるおそれが顕著と認められる場合」として、捜査の遂行に支障が生じる「おそれが顕著」である場合も含ませているからである。

　この「おそれ」なる用語は、勾留要件や保釈却下の理由として罪証隠滅の「おそれ」とか逃亡の「おそれ」とかに乱用されているとおり、全く歯止めもなく拡大解釈されている現実を思うと、極めて危険な用語である。

　このようにして、検察官は一般論として意識的に判例の文言の拡大解釈を遂行して、捜査全般必要説に判例を巧妙に適合させているのである。捜査機関にとっては、「捜査のため必要があるとき」の解釈につき、いわゆる制限説を

採ることは捜査上無意味なことであり、なんとでもして非制限説である捜査全般必要説を保持しなければ、捜査上有害である、ということであろう。これが、自白を求めることを使命と信じている糾問的捜査官（観ではない）の本音であろうと思われる。そこには、1987年まで存在した悪評の高い旧一般的指定を廃止したが、その暗い機能を見えないように隠した形で存続せしめた「接見等の指定に関する通知書」の官僚の巧妙な理論的基盤が牢固として存在することを感知せざるをえない。たとえ、それが詭弁であろうとも！

(2) 1987年12月に、旧一般的指定を定めた事件事務規程28条が改廃された以降の、接見指定の現実の運用はどうなったか。方式や手続は、前記のとおりであるが、現実は相当に異なり、混乱状況にある。

① まず、「接見等に関する通知書」が発出されなければ、接見指定を受けることはない。通知書が発出されると、全て接見の都度指定の要件がある如く取り扱われて、接見する前に検察官に連絡するか、具体的指定書を持参するかしなければ、接見を円滑に実現できない場合が多い。

ところが、私は、平成になってから、具体的指定書を受領持参したことはないが、時に混乱することはあっても接見はできている。上記通知書が発出されていると推測される事件について、不当にも待たされたこともあったが、直ちに接見できたこともあった。検察官より「接見する場合には事前に連絡をして欲しい」旨の要請を受けたこともあったが、このような不当な要請に対して、文書又は口頭でその不当性を指摘して抗議しておくと、不当な具体的指定をしないで、即時に接見したり、不当に待たされることはあっても無条件に接見ができる場合が多い。

② 「接見等の指定に関する通知書」が発出されると、「捜査に顕著な支障が生ずる場合」に該当するか否かに関係なく、具体的指定書をファックスで受領して接見している弁護人（検察官出身の者が多いようである）もいるが、そのような場合の接見指定は、取調べのない時間帯に接見時間を指定されているようであり、従って、指定の要件が不存在のときに指定をしているのである。

即ち、現実の接見指定書なるものは「捜査に顕著な支障が生ずる場合」に限定されて発行されていない場合が多いと推定される。このような実態は余り

知られていないようであるが、これが現実なのである。被疑者の取調べ中でない場合は、指定なくして接見できるはずであるが、「接見等の指定に関する通知書」が発出されていると、このような場合でも弁護人の希望時間のとおりに形式的に時間等の指定をしているという現実は、官僚主義の極みというべきである。接見をコントロールするために無益な指定をして満足している検察官の組織的な独善性には驚くほかなく、日本の権力的官僚機構の一つのファシズムの体質を示している・17。

③　「接見等の指定に関する通知書」が発出されていない場合の接見指定はどうなるか。上記通知書の有無にかかわらず、いかなる事件においても、「捜査に顕著な支障が生ずる場合」があり得るのであるが、上記通知書が発出されていない場合には、たとえ取調べ中であったとしても、時間等の指定もなく、直ちに弁護人接見が認められている。即ち、上記通知書が発出されていなければ、取調べ中等の指定の要件があったとしても、接見指定を受けることなく、弁護人接見は自由になされているのである。

④　以上、実務の現実の運用を分かりやすく整理すると、次のとおりとなる。

「接見等の指定に関する通知書」が発出されている場合には、接見指定の要件がなくとも接見指定を受けていることが多く、上記通知書が発出されていなければ、接見指定の要件があったとしても、接見指定を受けることなく弁護人接見は実現している。その運用の実際の指標は、「捜査に顕著な支障が生ずる場合」に存するのではなく、「接見等の指定に関する通知書」に存するのである。

このような不条理な現実に捜査官は目をそらしており、学者の一部も、そのような不合理な接見指定の実務の現実を知ろうとしないで、自己の学説を構築しているようである。

学説の中には、事前連絡をしてから接見に赴く方が円滑に行く、接見指定の要件があるときは消極的指定が理想である、取調べ時間の確保のために接見指定が必要等と主張している者もいるが、これらの説は接見の実態を知らない机上の空論と言わざるを得ない。

(3)　法務省の通達（昭62.12.25刑総第1061号）によれば、「接見等の指定に

関する通知書」について、「しかしながら、検察官等において指定権を確保し、これを円滑に行使するためには、監獄の長に対する通知は欠くことができず、かつ、これを確実に行うことがあると認める場合には、監獄の長に対して別添1『接見等の指定に関する通知書』によりその旨を通知することとされたい。」と説明されている。

　上記説明によれば、「指定権を担保し、これを円滑に行使するために」通知書が必要であり、「接見等の指定を行う必要があると認める場合」に通知書によりその旨を通知する、とされている。即ち、通知書は、指定権を円滑に行使する場合に必要というわけである。しかし、上記通知書は、接見指定の要件のない場合にも指定権行使を誘発している点において紛争の源泉となってはいるが、円滑な指定を招来しているという実態はない。また、「接見等の指定を行うことがあると認める場合」に、通知書を発出するというが、上記通知書を発出しなければ指定権の行使ができないということであろうか。

　ところが、私の第三次国賠訴訟において、被告国は、通知書の発出がなくとも接見指定はできる、と釈明している。従って、通知書の有無にかかわらず、「捜査のため必要があるとき」は指定権を行使しうることになるが、それにもかかわらず、通知書を発出する意味はどこにあるのか、理解できない。このように通知書制度は、理論的に破綻を来たしているにもかかわらず、検察官がその存続にこだわるのは、ある種の事件については捜査全般必要説を貫徹せんと意図しているからであろうと推測される。前述のとおり、上記通知書は、捜査全般必要説を前提にしてのみ、その存在が肯定される余地はあるが、制限説や準物理的限定説によれば、有害無益ということになる。

　通知書がある故に、留置係官は指定書を持参しない弁護人の接見申込みを受けると、被疑者が在監中にして即時の接見が可能であったとしても、検察官に連絡するために右往左往し、うまく検察官に連絡が取れない時は、直ちに接見を求める弁護人を面前にしてオロオロしているばかりであり、時には、直ちに接見室に入れた被疑者の接見を中断して接見室から連れ出しているが（私や伊神国賠事件の例）、このようなこっけいとも言うべき醜い留置係官の混乱状況は、まさに、上記通知書の発出がもたらしている真の現実であることを看

過してはならない。

　平成になってから発生している接見国賠事件も、通知書を紛争の源泉としている場合が多い。このような現状でも、上記通知書は、接見指定制度の円滑な運用に資していると言えるのであろうか。

Ⅲ　刑訴法39条3項の削除の必要性

1　解釈の混乱

　刑訴法39条3項の「捜査のため必要があるとき」の解釈をめぐっては、その一次的解釈である文理解釈において、制限説・非制限説の対立があり、更に、判例の一次的解釈である「捜査の中断による支障が顕著な場合」又は「捜査に顕著な支障が生ずる場合」の解釈をめぐっての二次的解釈も同様に広狭多様な解釈に分かれて、混乱状態にある。そして、その実務運用状況も一貫しておらず、地域により、捜査官の裁量により、留置係官の対応により、著しく異なっている場合もある。

　以上のような状況は、刑訴法39条3項が弁護権を保障したことを前提にすると、極めて異常な条文であることを証明している。元来、刑訴法39条3項は、弁護人の援助を受ける権利を保障した憲法34条等とは、相容れない条文なのである。従って、刑訴法39条3項は、その制定当初より深刻な問題をはらんでいた[18]。その制定過程及び制定後の紛争過程は省略するが、刑訴法39条3項は、本来的に削除されるべき条文であるというべきである。

2　国会における改正案の検討

　刑訴法は、戦後間もない1953年に重要な改正がなされているが、その際に刑訴法39条3項の改正も検討された[19]。

　1953（昭和28）年7月23日、衆議院法務委員会理事会において、刑訴法39条3項の修正要綱仮案として、「弁護士の接見制限を解除すること（日時・時間の指定・検察事務官又は司法警察職員を削る）」を作成したところ、法務府刑事局より、弁護士の接見制限緩和の措置の説明があったので、殆どの委

員が不満であったが、しばらく検察庁の態度を見ることとして、刑訴法39条3項の改正は見送られたという[20]。その際の検察庁の運用是正案は次のようなものであった。

弁護士の接見制限緩和の措置（法務省刑事局昭和28年8月23日）
一、現行の刑訴法第39条第3項は、法文としてはきわめて良く出来ていて、その内容を改める必要はないと思われる。
二、したがって、次の措置により運用上遺憾のあった点を改めればよいと思う。
(イ) 本項の規定により接見の日時、場所及び時間を指定するには、本項但書の趣旨を十分考慮し、捜査に直接支障のない限り、なるべく自由に面接できるよう運用すること。
(ロ) 各地方検察庁の検事正は、前項の方針の下に、関係弁護士会と協議の上、具体的な実施方策を定めること。
(ハ) 警察における面接についても、(イ)及び(ロ)に準じ、関係司法警察職員を指導すること。
(ニ) 各地方検察庁の検事正は、前項の具体的な実施方策を定めたときは、3長官報告の例にならい、これを報告すること。
(ホ) 以上の事項を実現するため、あらためて検事総長の訓令を発すること。

上記修正要綱仮案によれば、刑訴法39条3項の指定は、検察官による接見場所の指定のみしか認めないことになり、画期的な改正案というべきであった。ところが、この改正案を阻止するために、検察庁当局は、接見指定の是正措置として、「捜査に直接支障のない限り」弁護人接見を自由にすると言明したというが、その後の接見指定の運用は是正改善されるどころか、ますます被疑者に厳しいものとなって行き、ついには、弁護人接見は閉塞状況になったことは周知のとおりである。しかし、これ以後は、現在に至るまで国会において、刑訴法39条3項の問題性が検討されてはいるが、その改正案が再度具体的に検討された形跡はない。

3 弁護士会における改正案の検討

　弁護士会の宣言・決議集等をみると、日本弁護士連合会においては、刑訴法39条3項の改正案を具体的に検討したことはないようであるが、地方弁護士会連合会においては、1958年より、刑訴法39条3項を改正又は廃止せよと、宣言決議している。これらの決議の詳細は次のとおりである。

(1)　削除を決議したもの

① 　1958年、近弁連

　検察官、検察事務官又は司法警察職員は犯罪捜査に際し、刑事訴訟法の不備に乗じ弁護権を著しく制限する事実少しとせず、人権上同法及び同規則につき、次の如き改正を強く要望する。

　一、刑事訴訟法39条3項を削除する。

② 　1958年、九弁連

　現行刑事訴訟法39条3項を削除するよう要望する。

③ 　1961年、近弁連

　弁護人と被疑者との接見について、検察官の接見日時指定に名を籍り、これが不当に濫用され、弁護人の秘密交通権が侵害されている現実に鑑み、接見の日時、場所の規制に関する規定を廃止せよ。

④ 　1965年、近弁連

　刑事訴訟法39条3項の規定は之を廃止すること。

⑤ 　1969年、中国弁連

　捜査当局は刑事訴訟法39条3項の解釈運用をなすにあたり、弁護人と被疑者との間の秘密交通権を実質的に否定し、被疑者の防御権を不当に制限している。よって、かかる弊害を根絶するため右条項を速やかに削除すべきである。右決議する。

(2)　改正を決議したもの

① 　1964年、中国弁連

　刑事訴訟法39条3項（被疑者の接見交通）、430条2項（準抗告）の規定は、実情に則して改正されるよう望む。

② 1966年、東北弁連

　日本弁護士連合会は刑事訴訟法39条3項による弁護人と被疑者、被告人との秘密交通権に対する検察官等の接見指定について、弁護権が十分発揮できるよう至急実効ある法改正等の制度改正を実現すること。

③ 1974年、中国弁連

　捜査段階における被疑者の防御権確保のため刑事訴訟法の抜本的改革を要望する。

　上記地方弁護士会連合会の切実な改廃論議が、昭和50年代には殆ど見られないうえに、何故、日弁連段階の意思形成として成立して刑訴法39条3項の全国的な改正運動に連結しなかったのであろうか。

　それは、1978年に最高裁の杉山判決が出されて、接見指定の要件につき厳しい制限説がとられて実務も改善されるだろうと、期待されたからではないか、と思われる。しかし、それは余りにも甘い認識であったことは、その後の弁護人接見の閉塞状況をみれば明らかである。

　この問題の被害者は被疑者と共に弁護士でもあることを思うと、日弁連が法改正に取り組まなかったことは、毎年の如く接見指定の違法性を訴えて来た在野法曹の鼎の軽重を問われる問題である。全国的な組織である日弁連としても、早急に刑訴法39条3項の問題性を明らかにして、その削除に着手すべきである。

4　学界における改廃論議

　私は、拙著において、刑訴法39条3項について、反国際的な制度であり、反憲法的な制度であり、不合理な運用実態であり、しかも、弁護活動を荒廃させ、かつ冤罪の原因の一つでもあるから、削除せよと主張した[21]。

　ところが、刑事法関連の学界において、刑訴法39条3項の改廃の必要性を詳しく論じた者はいない。学界において、国際的視野より、国際人権法や比較法的に、刑訴法39条3項の問題性を分析検討している者は少ない[22]。また、憲法的視野より刑訴法39条3項を論じた刑事法学者も少ない[23]。特に、刑訴法を専門とする学者による刑訴法39条3項に関する国際的検討を加えた報告

はないようである。

　現行刑訴法は刑事法学者の長老である大先輩が関与して、GHQに抵抗しつつ、司法官僚とともに巧妙に憲法理念を換骨奪胎して作成したものであるから、これを憲法違反等と批判することは、はばかられることであろうか。アメリカ連邦最高裁における刑事手続に関する豊かな憲法論と対照する・24と、人権尊重を唱導するわが日本国憲法のもとにおいて、何故かくも刑事手続に関する憲法論議が貧弱なのか、不思議でならない。

　特に、刑訴法39条3項について、その制定以来現在に至るまで、接見指定制度をめぐって、多様な紛争が継続して発生しているのであるから、違憲論をおいても、国家における改廃論が1953年だけしか見られないのは残念である。

　ところが、私的段階での改廃論では、在野のみならず検察出身者も積極的な意見を述べている場合も存する。それらの断片的な刑訴法39条3項の改廃意見は次のようなものである。

①　河上和雄検事（当時）：ジュリスト551号（1974年）188頁

　「第1線の捜査官といっても質の面で必ずしもそう高いものではございませんから、きわめて明確な誰が読んでも反対の解釈が出ないような手続で立法がなされるということは、その立法の方向は別として必要性はあるのではないか、そういうふうに思っています。」

　上記河上検事の発言は、法務省刑事局参事官時代のものであって、捜査の最高責任者の一人が刑訴法39条3項の欠陥を指摘していることは注目すべきである。

②　裁判官会同においても、立法的な措置を講じてはどうか、という意見が出ている（最高裁事務総局編『令状関係法規の解釈運用について（下）』〔1967年〕80頁）。

③　熊谷弘編著『逮捕・勾留・保釈の実務』（日本評論社、1965年）の座談会における熊谷弘発言部分（198頁）。

　「弁護士会がもう少しこういう重大問題について組織的な調査を行って、実態調査に基づく数字を基にして法運用改善論なり法改正論なりを行なうべきでしょうね。」

④　千葉裕：「刑訴法430条による原処分の変更について」司法研修所報33号（1965年）47頁

　結局のところ、私が最も強調したいのは、法の諸規定に明らかに違背すると思われる現行の取扱いは早急にあらためられるべきだということである。この面会切符制と称される取扱いの改廃あるいはこれに関する立法措置の運動は主として日弁連の手により時折なされているようであるが、それが未だに実を結んでいないのは甚だ残念なことである。裁判所ないし学界の側においては、その接見指定の問題に関して必ずしも徹底した議論がなされておらず、積極的に取扱いを改むべしといった発言も乏しいように見受けられるのは何故であろうか。

⑤　白取祐司：『刑事訴訟法』（日本評論社、1999年）170頁

　「しかし、狭義の物理的限定説を徹底していけば、接見「指定」の余地はほとんどなくなる。事実上面会を待たされるのをあえて「指定」があったという必要もない。だとすれば、違憲の疑いのある39条3項の指定制度は、少なくとも立法論としては廃止すべきである」。

　上記各意見によれば、昭和40年代において検察官や裁判官も問題点を指摘して、刑訴法39条3項の改正の必要性を主張していることが認められる。刑事手続法の改正問題について、このように、一部とは言え法曹三者の識者の意見が一致することは極めて珍しい。

　しかるに、何故に刑訴法39条3項が改廃されなかったのか。その最大の原因は、日弁連が立法運動に積極的でなかったからであろうが、刑訴法39条3項の詳細な問題点を指摘して公表し、関心ある者に訴えるならば、その実現も不可能ではないと思われる。

　反憲法的かつ反国際的な刑訴法39条3項及びその非法律的な実務の運用の現状は、この21世紀という新世紀には、すみやかに削除是正されなければならない。

　　　［注］
　　＊1　拙著『接見交通の研究——接見活動の閉塞状況の分析と展望』〔日本評論

社、1987年〕5頁。
* 2 　自由と正義50巻2号（1999年）168頁。
* 3 　村岡啓一「接見国賠訴訟大法廷判決の評価と今後の課題」自由と正義50巻7号（1999年）149頁。「今回の全員一致の大法廷判決は、逆説的に、この勧告の正当性を裏づけた、といえるだろう」という。大久保史郎らの「判例回顧と展望・憲法」法律時報892号（1999年）6号17頁によれば、「残念ながら、この判決も最高裁が『権利を真剣に受け止める』意欲に乏しいことを示しているようである」と批判している。
* 4 　河上和雄（元検事）「接見指定の必要性と指定の方法」判例タイムズ746号（1991年）81頁。
　接見交通権は、捜査権と等置されたものではなく、捜査権より優位に立つものではない。捜査権を優位に置いている、とする。
* 5 　1999年3月24日の最高裁判決に関する捜査関係者の解説では次のように主張されている。
① 　大野重國「被疑者と弁護人等との接見交通権の制限を定めた刑訴法39条3項の合憲性」警察学論集52巻6号（1999年）43頁〜45頁。
「これは、捜査全般についての抽象的必要性が認められれば接見指定ができるとする捜査全般必要説を完全に否定するものとまではいえないとしても捜査全般必要説とはややそぐわないものといえよう。」「この点においても本件大法廷判決は非限定説を必ずしも否定するものではない。」「本件大法廷判決が準物理的限定説に立脚していると断定することはできない。」「あらためて物理的限定説を否定したことの意義は大きい。」
② 　松本一郎（獨協大学法学部教授）は「限定的ではあるが、基本的には捜査全般説に近い考え方を採っているように思われる」とする（現代刑事法13号〔2000年〕40頁）。
* 6 　取調権と接見交通権が対等である事を前提にすると、例えば1日中において被疑者の取調べに5時間をとる捜査上の権利があるならば、弁護人との接見も5時間は保障される権利があるというべきである。
　しかし、接見妨害事件では、直ちに、1時間以内の弁護人接見が認められていたならば問題とならなかった例ばかりである。それは、捜査権優位を前提にした、ささやかな要求にすぎない。
* 7 　樋口陽一ほか著『註釈日本国憲法』（青林書院新社、1984年）740頁。
* 8 　柳沼八郎＝若松芳也編『接見交通権の現代的課題』〔日本評論社、1992年〕124頁。
* 9 　大野重國「最近の判例から、接見指定制度違憲訴訟最高裁大法廷論点回付事件判決」法律のひろば52巻9号（1999年）68頁は、大法廷判決について、

「捜査の『中断』という文言があえて除かれているため、証拠隠滅のおそれが含まれると解する余地が大きくなった、と評価できなくもない」という。

*10 拙稿「最高裁判例をめぐって混迷を深める接見交通」自由と正義50巻2号（1999年）134頁。
*11 前田宏「シャワーとせっけん」法曹1989年1月号2頁。
*12 昭和62年12月25日刑総第1061号法務省刑事局通達。
*13 この事件の国賠請求の原因事実は、留置係官が警察官の指示を受けるまで約45分間も要して私の接見を不当に遅滞せしめたこと、及び、一旦直ちに接見を認めておきながら接見途中で被疑者を接見室より連れ出したことの2点である。
*14 田宮裕「接見指定に関する最高裁判例」ジュリスト989号（1991年）82頁。これは、浅井・若松事件の最高裁判決に関する評釈である。白取祐司『刑事訴訟法』（日本評論社、1999年）169頁は、「最高裁判例は広義の物理的限定説にたつとされる」という。
*15 前掲注5②の松本一郎の論文。
*16 接見指定の要件がある場合として、「被疑者を取調べ中、実況見分や検証に被疑者の立会中、間近い時に取調べをする確実な予定」が例示される場合が多いが、被疑者が実況見分や検証や引当たりのために出房している場合には、弁護人において、その事実を確認して接見に赴くことがないものであり、現実の接見で問題となる場合は、被疑者の取調中又は取調予定に限られている。

　　即ち、実務的には、取調中又は取調予定がある場合において、いかに即時の弁護人接見を容認するか、ということに問題は凝縮される。数十件に及ぶ接見妨害国賠事件は、直ちに1時間位の弁護人接見が実現しておれば問題とされることなく、しかも、「捜査の中断による顕著な支障」も現実になかった例ばかりである。むしろ、検察官が不当な指定又は手続を強行したために弁護人に反撃されて争われ、この弁護人の正当な闘争に対して検察官が対応しなければならないことによる捜査上の支障こそ、大きいのではないかと予想される。
*17 立花隆「21世紀・知の挑戦」文藝春秋2000年3月号108頁は、「日本は昔も今も、権力による画一主義を上も下も尊重するというファシズムに一番近い体質なのである。」としている。
*18 三井誠「接見交通権規定の成立過程」内藤謙〔ほか〕編『平野龍一先生古稀祝賀論文集下巻』（有斐閣、1991年）257頁以下。
*19 小林錡『改正刑事訴訟法解説』（大成出版社、1953年）50〜52頁。
*20 昭和28年7月23日の衆議院・法務委員会における政府側の答弁は次のとおりであった。

犬養国務大臣の答弁の要旨

「39条3項を諮問事項として出したが、結論として問題はあるが、もう少し研究してから改正案に入れようということになった。しかし、今後条文の改正ということを真剣に再検討してみたいと思います。

水戸の関谷弁護士の件については、総長を通じて当該地の責任者に対して注意を通知してもらった。

39条3項の運用が誤っているならば、相当厳重な訓令を一両日のうちに出す。」

岡原政府委員の答弁の要旨

「39条3項を改正したらどうかというお気持ちはもっともですが、現行法39条3項はよくできており、但書が働く限りは、39条3項というのはそれでいいのではないか。結局は、運用の問題として下部にこの思想を注入する義務を感じている。

具体的事件の報告があると直ちに調査して、それぞれ措置をとっている。先ほど大臣が言ったように、この点だけの通牒等は最高検で用意している。

〈捜査のため必要があるとき〉というのは、捜査官が捜査をしているときに、その捜査にじゃまになるような時刻においては、ちょっと困るという趣旨であると思う。」

*21　前掲注1の拙著『接見交通の研究』207頁以下。

*22　刑訴法39条3項を国際人権法と比較考察しているものとして、北村泰三著『国際人権と刑事拘禁』（日本評論社、1996年）があり、比較法的に考察したものとして、五十嵐二葉弁護士の諸論文がある。

*23　高田昭正「接見指定制度の問題性と違憲性」自由と正義50巻2号（1999年）120頁。同教授は、刑訴法39条3項の違憲説を展開している。この違憲論に対する反論は、見当たらないようである。また、村田和宏「接見交通権と取調べの関係について」九大法学第78号（1999年）92頁も刑訴法39条3項は違憲である、とする。

*24　私は刑事訴訟法39条3項を次のように批判したことがある（前掲注1・拙著『接見交通の研究』213頁）。「すなわち、わが国の接見指定制度なるものは、反憲法的にして捜査の科学化と近代化を遅らせている糺問的捜査の遺物であり（反近代的）、国際法に反するのみならず比較法的に見ても先進国には存在しない制度であり（反国際的）、指定の要件不明確にして大臣訓令によって運用されているという（非法律的）、まことに人権尊重主義を理念とする近代的刑訴法においては本来的に容認され得ないものである。」

第8章　最近の接見妨害の原典について
——「接見指定20講」と「留置業務ガイダンス」の問題点

I　「接見指定20講」と「留置業務ガイダンス」について

　2002年、接見妨害国賠事件（第3次若松事件）の弁護団は、接見妨害の原典ともいうべき接見に関する2点の文書を入手したので報告したい。われわれは数年前より、検察庁には「接見指定20講」なる文書が、警察には「留置業務ガイダンス」なる文書が、接見指定に関する内部文書として存在するらしいという情報に接して、いろいろと努力して、その各文書を入手できた。

　最高検察庁発行の「接見指定20講」を見ると、表紙に「取扱注意」と表示され、「はじめに」の記述によれば、1991年2月に作成したことを示す年月が記されて、日弁連が「新接見交通権マニュアル」を発行している状況等を踏まえて、「検察官としても接見指定の運用の実情やその運用を巡って現に生起し、あるいは、将来生起する可能性のある実務的問題についてあらかじめ検討を尽くし、必要な知識を修得するとともに適切な対応策を講じておく必要がある」として、本書を作成したという。

　警察の留置業務研究会発行の「留置業務ガイダンス」は、警察における留置業務の実務のマニュアルを解説したものである。

II　「接見指定20講」の問題点

　1　本書の内容を精査すると、興味深い記述があったり、矛盾するような理論展開が見られたりして、全面的に評価批判するには相当の紙幅が必要となる

が、とりあえず次のような諸点が大きな問題点として指摘できる。
(1)　刑訴法39条3項の「捜査のため必要があるとき」の意義について、同書は「当該事件の内容、捜査の進展状況、弁護活動の態様など諸般の事情を総合的に勘案し、弁護人等と被疑者との接見が無制約に行われるならば、捜査機関が現に実施し、又は今後実施すべき捜査手段との関連で、事案の真相解明を目的とする捜査の遂行に支障が生じるおそれが顕著と認められる場合をいうものとする考え方」に立っているとする(同書8頁)。

この考え方は、弁護人と被疑者の接見交通権よりも、捜査権を絶対的に優位においたものであり、1999年3月24日の最高裁判決にいう「接見等を認めると取調べの中断等により捜査に顕著な支障が生ずる場合」という考え方と、どのように整合性があるのか。本書の考え方は、最高裁の考え方を換骨奪胎するものであると思われる。

(2)　1988年4月1日より接見指定における旧一般的指定制度が廃止され、その一般的指定書に代わるものとして、「接見等の指定に関する通知書」が発出されているようであるが、本書はこれについて、「接見指定を円滑に行うためには、検察官等から監獄の長に対して指定権の行使がありうることをあらかじめ通知しておく必要があるから」という(同書1頁)。

この検察見解によれば、指定権の行使がありうる事件と、指定権の行使がありえない事件とが前提とされている。このこと自体不可解なことである。何故なら、接見指定の具体的な要件とされる「取調べの中断等により捜査に顕著な支障が生ずる場合」は、いかなる事件においてもありうることであり、指定権の行使がありえない事件は理論上存在しないからである。

即ち、勾留中の被疑者の取調べのない事件は、実務上は存在しないのである。従って、検察官はいかなる事件でも、取調べ中等の接見指定の要件があればその指定権を行使できるのであって、このことは、「接見等の指定に関する通知書」の発出の有無にかかわらないのである。

本書でも、「捜査のために必要であるという要件があれば、通知書を送付していない場合においても指定することができる」としているが(同書6頁注1)、そうであるならば、何故に、ある特定の事件についてのみ通知書を発出する必

要があるのか(その隠された意図は推認できるが)、私には合理的な理解は困難である。この理論的矛盾を解明することは、官僚理論の詭弁性を明らかにすることになろう。このような理論的な矛盾のある不条理な通知書の存在は、接見指定を円滑にするどころか、むしろ紛争の源泉となるだけである。

⑶　本書には、弁護士側として注目すべき記述もある。例えば、「弁護人等から円滑に接見を行うためには指定書を出して欲しいとの要望がなされることがある」という(同書8頁)。このことが事実とすれば、不当な指定書の受領を拒否する等して接見妨害国賠事件を3回も提訴している私にとっては、大きな驚きである。

　被疑者が接見を求めて困るので、接見禁止にしてくれと検察官に要望した弁護人が居たことは、昭和20年代の検察内部の資料に報告されているが、これと似たような弁護人が現在でも存在するのであろうか。私の認識によれば、現実の検察官の接見指定なるものは、「捜査に顕著な支障が生ずる場合」になされたことは殆どなく、その殆どは違法な指定であったと確信している。特に数十件に及ぶ接見妨害国賠事件は、全て1時間位の即時の弁護人接見を認めたとしても、現実的な捜査上の顕著な支障がなかった例ばかりであることを想起されたい。

⑷　同書は、接見指定が必要な具体的事例として多くの事案を例示している。その多くは捜査権優位を前提としたものであって、弁護士側から見れば承服しがたいものである。特に、弁護人の側に接見指定ができる特異な事情が認められる場合として、組織的犯罪等において被疑者の弁護人を介して証拠隠滅工作を行うと疑うに足りる相当な理由がある場合を例示しているが(同書14頁)、このような場合に安易に接見指定が認められたならば、有効な弁護活動は不可能となろう。何故なら、弁護人は証拠隠滅工作をしてはならないのであるから、本来的には証拠隠滅工作を理由とする接見指定があってはならないのである。

2　以上、数点に限定して、本書の問題点を摘出して論じてみた。本書の教示する内容に基づいて接見指定がなされたならば、接見妨害を原因とする国

賠事件が今後も多発するだろうが、実務の大勢は賢明にも本書に従っていないようである。また、京都においては平成になってから検察官による具体的な接見指定自体が、事実上消滅していることは周知のとおりである。従って、本書は、既に過去の遺物になっていることを、願うものである。

Ⅲ 「留置業務ガイダンス」の問題点

1 理論上、刑訴法39条3項の指定の要件が存しない限り、弁護人接見は、「いつでも」「直ちに」認められるべきものであり、このように「いつでも」「直ちに」弁護人接見を認めることは、留置業務を担当する留置担当官の固有の業務である。このようなことは、「留置業務ガイダンス」においても強調されているのである。

即ち、「留置業務ガイダンス」によれば、「留置業務は犯罪捜査と密接に関連するものの、犯罪捜査とは全く別個の業務であり、犯罪捜査と切り離して運営されなければならない（同書1頁）」とか、「留置と捜査の分離とは、留置業務と捜査業務とは別個の事務であり、両者を混同してはならないということである（同書5頁）」と強調されているが、正にこのように留置業務は運営されなければならないのである。

ところが、実務においては留置担当官は、検察官の発出した前記「接見等の指定に関する通知書」にこだわり、弁護人接見について、接見指定の要件もないのに直ちに接見を認めなかったり、一旦認めた接見を指定書がないことを理由に中断せしめたり等の紛争が生じており、このような違法行為は検察官の発出した「接見等の指定に関する通知書」に起因して発生している。

2 私の第3次国賠事件において、上記通知書が発出されていたため、留置担当官が「指定書がなければ会わせられない」と言って、被疑者を接見室から連れ出したことは違法と判断されている。「留置業務ガイダンス」においても、「指定書がない限り会わせられない」「検察官等の許可がなければ会わせられない」などの発言を絶対に行ってはならないので十分注意せよ、と記載されて

いるところ（同書58～59頁）、私と対応した留置担当官は、正に留置業務の担当官としての基本的な知識を欠いて、私と被疑者との接見を妨害したものである。

3　「留置業務ガイダンス」によれば、弁護人接見の対応について、検察官の発出した「接見等の指定に関する通知書」の有無により、差異のある如く解説している。即ち、「接見等の指定に関する通知書」がなければ、「留置主任官は、独自に留置場の管理運営上の支障の有無を判断して被留置者と弁護人等との面会を与える」と正当な解説をし（同書60頁）、上記通知書がある場合においては、指定書があれば指定に従って接見を認め、弁護人が指定書を持参しないときには、留置担当官は検察官に連絡して接見指定の有無を確認し、その確認をするまでの相当な時間は弁護人を待機せしめてもよいが如く解説している（同書58頁～59頁）。しかし、これは接見指定の要件の存在と、「接見等の指定に関する通知書」の存在を混同するもので、全く論理の整合性のないものであって、捜査と留置の業務の分離の理念に反するのみならず、非論理的な不条理性を示す以外の何ものでもない。何故なら、前述のとおり接見指定の要件（弁護人接見により捜査に顕著な支障が生ずる場合）はいかなる事件においてもありうるのであり、このことは「接見等の指定に関する通知書」によって左右されるものではないからである。

4　本書によれば、「接見等の指定に関する通知書」が発出されておれば、接見指定の要件がなくても、留置担当官は弁護人接見の都度、検察官に連絡すべきものとされる反面、上記通知書がなければ、取調中等の指定の要件が存しても、検察官に連絡もせずに留置担当官の独自の判断で弁護人接見を認めることになり、著しく理論的な矛盾を来たしている。このような実務の不条理な現実は、「接見等の指定に関する通知書」という不可解な文書によってもたらされているものであり、接見指定の実務を著しく混乱させ、時には弁護人接見の円滑な展開を妨害しているのである。これでも「接見等の指定に関する通知書」は、接見指定を円滑にしているという検察主張の効用があるというので

あろうか。
　そして、このような不条理な通知書の存在によって最も困惑しているのは、留置業務を執行している警察や拘置所の現場の職員ではなかろうか。

第9章　裁判所における違法な接見指定制度を是正させる

I　名古屋地方裁判所の仮監における弁護人接見の実態

　私は、検察官や警察官による接見妨害について、過去3回に及んで国家賠償請求事件を提起しているが、今回の接見妨害は、裁判所構内における裁判所の接見指定による接見妨害ともいうべきものであった。京都、大阪、大津の各地方裁判所においては、仮監に在監中の被告人と弁護人が接見する場合には、直接、弁護人が仮監に赴いて拘置所職員に接見を申し込むと、接見指定もなく、直ちに弁護人接見が許容されているにもかかわらず、2004年の名古屋地方裁判所において、仮監に居る被告人と接見する場合には、刑事訟廷に接見の申込をしたうえ、担当裁判官の許可がなければ弁護人接見を許容しない運用となっていたのである。しかも、その接見の許可を受けるのに約30分間も待たされたのであった。そのような実務運用は、私の刑訴法上の理解を超えるものであって、違法ではないかと考えて、私は2004年9月8日付で、次のような照会書を最高裁長官、名古屋地裁所長、担当裁判官に送付した。

記

　前略　名古屋地方裁判所構内における勾留中の被告人とその弁護人との接見指定について以下のとおり疑義がありますので、御回答されたく照会します。
(1)　当職は、名古屋地方裁判所に訴訟係属中の逮捕致傷の被告Nの弁護人ですが、同被告人の公判期日において、刑訟受付係に同被告人との接見を申し込んだところ、以下のとおり手続を経由して被告人の接見が認められました。
　　①　平成16年4月22日、午後2時10分ころ刑訟に接見申入書提出。同日午後2時35分裁

判官の接見指定を受け、地下の接見室にて被告人と接見。
② 同年6月10日、午後3時10分ころ刑訟に接見申入書提出。同日午後3時30分より裁判官の指定を受け地下接見室にて被告人と接見。
③ 同年8月12日、午後2時ころ刑訟に接見申入書提出。同日午後2時25分より裁判官の指定を受けて地下接見室にて被告人と接見。
④ 同年9月2日、午後2時10分ころ、刑訟に接見申入書提出。同日午後2時45分より地下接見室にて接見。

(2) 当職は、上記名古屋地方裁判所における被告人との接見指定の運営について違法性の疑義が生じていたので、上記9月2日の接見の際、刑訟受付の担当者に対して、「裁判所の許可がなければ被告人との接見はできないということか」と問うと、「そのようになっている」ということでした。

そこで当職が、「京都、大津、大阪では、仮監に弁護人が直接行って接見を申込むと直ちに接見ができているのに、どうして名古屋ではそのようにできないのか」と問うと、「名古屋には名古屋のやり方があるのですよ」と答えており、更に「裁判所の許可がなければ、接見できないというのは本当か。それならそれで対応措置を考える」とつめると、他の書記官らしき人が出て、「法廷にいる裁判官のところに行って来ます」と言って、ようやく裁判官の記名押印のある指定書を持参して戻り、接見申込み後35分経過後に被告人と接見することができました。

(3) ——中略—— 当職は、名古屋地方裁判所における接見指定の運営は違法性が高く、かつ実務上も混乱していると判断しておりますが、念のため当職の見識不足のおそれもありますので、以下の質問を以って照会しますので御回答されたく願います。

(4) 質問事項
① 名古屋地方裁判所における仮監に在監中の被告人に接見する場合、刑訟に接見の申入れをさせる法令上の根拠は何か。即ち、京都、大津、大阪の各裁判所で実施されている直接に弁護人が仮監に赴いて接見申入れをして、直ちに接見する方法を認めないのは何故ですか。
② 当職が、被告人と接見する場合には、前記のとおり裁判官において全て接見指定をしていましたが、その根拠となる法令上の条文は何か。
③ 上記裁判官の接見指定は、仮に刑事訴訟規則30条に基づくものとするならば、弁護人が指定なしで被告人と接見すると具体的にはいかなる事由（逃亡や罪証の隠滅のおそれ、戒護に支障等の防止の具体的事情）が存在するというのですか。

即ち、裁判官の指定なしで、仮監の地下接見室で接見すると、被告人の逃亡や罪証隠滅のおそれがあるというのでしょうか（因みに、当職は、名古屋地方裁判所の例以外に裁判所構内での仮監における被告人との接見について接見指定を受けた経験はない）。
④ 上記不合理な接見指定は是正されませんか（無益な接見指定を受けるために右往左

住している書記官は気の毒であり、その指定を受けるまで30分前後も待機させられると、弁護士の業務にも支障が生ずる)。

II 裁判所からの回答

　上記質問事項に対して、最高裁と担当裁判所の回答はなく、2004年10月4日名古屋地裁の主席書記官より、電話にて回答するとして、次のとおりに口答にて回答してきた(回答書面を読み上げているようであった)。

記
　文書での回答はしていませんが、口頭で回答します。
質問事項①について
　裁判所の判断にかかる事項ではありますが、名古屋地裁における仮監在監中の被告人に弁護人が接見する場合、刑事訟廷事務室に接見の申し入れをさせるのは、裁判所構内における接見であることから、刑事訴訟規則30条に基づき、接見場所、時間等を指定するためであると思われます。当庁においては、裁判事項ではありますが、接見室等を含む身柄関係施設の管理体制等の事情から、接見の申出に対して、裁判所が刑事訴訟規則30条の指定について個別的に判断する必要を認め、そのような運用をしているものと思われます。
質問事項②について
　ただいま説明したとおり、刑事訴訟規則30条であると思われます。
質問事項③について
　裁判所の判断にかかる事項でありますが、逃亡や罪証隠滅等を防止するため、接見場所、日時、時間を指定しているものと思われます。
質問事項④について
　裁判所の判断にかかる事項についてはお答えしかねますが、勾留されている被告人との接見交通の取り扱いについては、接見室等を含む身柄関係施設の管理体制とも関係することから、今後、他庁の例も参考にしながら、接見室を含む身柄関係施設の管理のあり方について、拘置所等の関係機関等と協議することを検討していきたいと考えています。

　上記回答内容は、模範的な官僚答弁のようではあるが、私にとっては、全く納得できるものではないので、日弁連の接見に関する委員会にも報告し、愛知弁護士会の知人にも相談した。詳しく聞いてみると、上記のような運用は昭和50年代に弁護士会と裁判所が協議して、取り決めたものであるらしいというこ

とがわかった。

　しかし私としては、上記裁判官の指定は、憲法及び刑訴法上、違法性が強いと判断されたので、放置できず国家賠償請求をすることを決意して、次のような民訴法132条の2第1項による訴え提起の予告通知書を2005年4月14日付にて法務大臣宛に送付した。

記

I．請求の趣旨

　相手方は、通知人に対して、金100万円およびこれに対する2004（平成16）年9月3日から支払済みまで年5分の割合による金員の支払を求める

　訴訟費用は、相手方の負担とする

との判決及び仮執行の宣言を求める。

II．紛争の要点

1．名古屋地方裁判所構内での接見指定の運用の違法性

1）　経緯

　通知人は、以前より名古屋地方裁判所構内での被告人との接見に際して、常に裁判官の許可を受ける接見指定の運用に疑義を生じており、上記9月2日に刑訴受付担当者に対して、この問題についての問いを発するも、確たる答えが得られなかった。

　また、その後、別紙添付文書（略）に示すような、最高裁判所長官、名古屋地方裁判所所長、同裁判所裁判官各氏への「照会書」を送付し、回答を求めたが、別紙添付文書（略）にあるような名古屋地方裁判所書記官からの口頭（電話）での回答のみであった。今後も依然として、このような不条理な運用がなされ、違法状態が今後も続くことに危惧を抱き、この度、本予告通知を送付するしだいである。

2）　憲法34条前段・37条3項に由来する接見交通権の重要性

　憲法34条前段は、「何人も、理由を直ちに告げられ、且つ、直ちに弁護人に依頼する権利を与へられなければ、抑留又は拘禁されない」と規定し、同37条3項は、「刑事被告人は、いかなる場合にも、資格を有する弁護人を依頼することができる」として、刑事被告人の弁護人依頼権を篤く保障している。このことは、身体拘束下にある刑事被告人にとって、自己の権利、利益が充分に保障され、適正手続の下で、法律専門家たる検察官と手続上、対等な当事者として向き合うためには、弁護人の実質的な援助を受けなければならないことを示している。

　その実質的な援助のためには、憲法34条・37条3項における弁護人依頼権の保障は、単に依頼の機会を設けることを保障するにとどまらず、いつでもどこでも自由な接見交通権を通じて、身体拘束下における被告人の不安を除去し、有効な防御のために、充分な弁護人の法的な援助を享受することまで保障されていなければならない。刑事訴訟法39条1項に定める接見交通権は、このような憲法の趣旨を受けている重要な規定である。

そして、このような刑事被告人の弁護人依頼権と表裏の関係にある弁護人の固有権としての接見交通権もまた、憲法34条前段・37条3項の保障の下にある。何故なら、弁護人における接見交通権の保障なくして、被告人の刑事手続きにおける充分な防御は実現し得ないからである。したがって、弁護人の固有権としての接見交通権は、被告人の弁護人依頼権と同様に篤く保障されなければならない。
3)　接見指定の刑事訴訟規則30条違反
　裁判所構内における接見については、刑事訴訟規則30条（これは違憲の疑いがある）が被告人または被疑者の「逃亡、罪証の隠滅……を防ぐため必要があるとき」の弁護人との接見日時・場所・時間の指定を規定する。
　この規定は、刑事訴訟法制定当時に、拘置所における接見室のような設備のない裁判所で、刑事訴訟法39条1項のような自由な接見をするときには種々の不都合が生じるおそれがあるため、同条2項に基づいて定められたものである（参照、「刑事訴訟規則説明書」20頁〈最高裁判所事務局刑事部〉）。従って、接見設備の整った裁判所での適用・運用は予定しない規定であるといえる。
　このことをひとまず措き、接見設備のある裁判所での適用を認めるとしても、立法趣旨を考慮すれば、刑事訴訟規則30条の接見指定の必要性の要件は、前述したように、身体を拘束された者の接見交通権の重要性からすれば、抽象的な必要性では足りず、現実的な「逃亡、罪証の隠滅」の相当な理由があり、かつそれを防ぐ具体的な必要性がなければならない。
　本件では、裁判所構内での接見室での接見であり、通知人が接見申入れをした被告人において、そのような「逃亡、罪証の隠滅」の相当な理由もなく、したがって具体的な接見指定の必要性も当然にない。そうであるのに接見指定をすることは、刑事訴訟規則30条に反するといわざるを得ない。
2．2004（平成16）年9月2日の通知人と被告人との接見において、即時の接見を認めず、指定の要件もないのに接見指定した名古屋地方裁判所裁判官の行為は違法である。
1)　損害の発生
――以下、省略――

Ⅲ　幻に終った第4次若松接見妨害訴訟

　私は、上記訴えの予告通知をしたら国又は裁判所からなんらかの反応があるのではないか、と期待していたが、しばらくなんの反応もなかった。ところが、2005年5月10日ころに、名古屋地裁の書記官より、上記の件につき説明したい旨の電話連絡を受けて、同年5月16日に同書記官のもとに赴き、事情の説明を受けたところ、仮監における被告人と弁護人の接見は、直接弁護人が仮

監に赴いて接見の申込みをすれば直ちに接見できるように、運用を改めた旨の説明であった。要するに、京都や大阪と同様の運用に改めた、ということであった。

そこで私は、本件国賠請求を予告通知のとおり提起すべきか迷ったが、親友の意見を聞き、第4次の国賠請求の提訴は、事実上目的を達したので、断念することにした。そして、2005年8月12日付の法務大臣宛の文書で、前記国賠請求する旨の予告通知は撤回する旨の通知書を発した。かくして、私の第4次の接見妨害を原因とする国家賠償請求訴訟は提起されずに終った。

本件はこれでよかったと思う。裁判所は、検察庁と異なり、私の期待に応じてすみやかに不合理な実務の運用を是正したのであって、このことについては、裁判所にささやかな敬意を表しておきたい。

短評：接見は自由になった？
——アンケートから見た最近の弁護人接見

1　日弁連の接見交通権確立実行委員会は、平成2年2月、改正後の事件事務規程28条が施行された昭和63年4月1日以降の弁護人と被疑者との接見に関する全国的な実情についてのアンケート調査を実施した。そのうち京都弁護士会の会員のうち回答した者は18名である。この18名について集計した結果によると、次のような事実が明らかになっている。

① 新接見交通権マニュアル（自由と正義40巻2号〔1989年〕別冊）を知らない者　3名
② 昭和63年4月1日移行の接見指定に関する法務大臣訓令改廃を知らない者　4名
③ 昭和63年末以降の接見指定に関する検事総長の運用指針（「シャワーとせっけん」の論稿〔第7章参照〕）を知らない者　5名
④ 昭和63年4月1日以降とそれ以前とでは接見の運用について変化があるとの実感がある者　6名（接見禁止事案を受任した者7名の中の6名である）
⑤ 接見禁止事案について、接見をする際に直接勾留場所に行った件数は66件であって、検察官に連絡をとった件数は15となっている。そして、全員が希望どおり接見ができている。

2　上記アンケート結果によると、接見禁止事案の被疑者について、弁護人が接見する場合に、検察官に連絡せずに被疑者の勾留場所に直行しても、無条件に接見ができていることが認められる。大半の弁護人は、検察官に連絡せずに、勾留場所に直行しているようであるが、接見前に検察官に連絡した場合でも、希望どおり接見ができた、ということになっている。

今回のアンケートによると、被疑者との接見運用について、検察官に事前連絡をするのが不満と答えた一人を除き、不満がないと答えている。また回答者の中には、昭和63年4月以降の接見に関する準抗告をした例も存しない。

以上のような結果によると、京都における接見の閉塞状況は概ね解消しているようである。検察官よりファックスによる指定書の送付を受けて接見している弁護人が多い東京等とは、京都の接見事情はかなり様相が異なるようである。しかし残念であるのは、全会員に配付されている筈の新接見交通権マニュアルと検事総長の運用指針の解説を知らない者が数名もいたということである。

第3部
試行錯誤の刑事弁護

第10章 勾留に代わる観護措置の取消を求める準抗告が認められた事例

I はじめに

　逮捕された少年に対する抑留拘禁の法的手続は複雑である。刑訴法60条、207条による勾留、少年法43条による勾留に代わる観護措置、少年法17条による少年鑑別所に送致する観護措置の3種類の法的手続がある。

　前記3種類の手続のうち、少年にとって最も長期の拘束になるのは、刑訴法60条の勾留（原則20日）後に、引き続き少年鑑別所に送致されて28日間の観護措置を受けた場合である。この場合は48日間も少年は拘束される。刑訴法60条による勾留と少年法17条による観護措置の中間にあるのが、少年法43条による勾留に代わる観護措置のようである。本件で問題となったのは、この勾留に代わる観護措置であった。この勾留に代わる観護措置については少年法も詳しく定めておらず、不服申立はどうなるのか、弁護人選任届や付添人選任届はどうなるのか、必ずしも明確な定めは存しない。本件少年は少年鑑別所に送致されていた。

　本件少年は、高校生であり、早く学校に行きたいので、早く社会に出て欲しい、と訴えていた。どうすればよいのか、また改めて少年法を読んで見た。そしてよく分からないが、準抗告をしてみることにした。

II 少年の被疑事実について

1　少年の被疑事実は次のとおりであり、自白して認めていた。

「被疑少年Aは、B、Cと通行人より金員を喝取することを企て共謀の上、平成17年4月16日午後4時10分ころ、京都市中京区新京極通錦小路下る中之町580番地先路上を歩行中のD（14歳）他1名に対して、『なあ。何処の学校』等と声を掛けたうえ、同人等を京都市中京区新京極通錦小路下る中之町538番地京極東宝ビル敷地内南側階段付近に連れ込み、『先輩にお金を集めるように言われている。お金を貸して』と申し向け暗に金員を要求し、被疑少年らの求めに応じ財布を取り出したDの財布内から現金を抜き取り、返還を求める同人に対し『お金を集められなかったら俺らが先輩に殴られる。お金を貸してくれなかったら俺らがお前らを殴ることになる』と語気荒く申し向け、もしこれに応じなければ同人等の身体にいかなる危害を加えるかもしれない気勢を示して同人等を畏怖させ、Dから現金6000円を喝取したものである。」

2　私が当番弁護士として少年に面会してみると、少年は初犯であり、犯歴もなく、特に不良少年でもないようである。被疑事実をみると脅迫文言も厳しいものではなく、また金額も少額であり、身柄を拘束する必要性も乏しいように見えた。そして、少年は「学校に行きたいので早くここから出して欲しい」と私に訴えた。

　さて、私はどうすべきか。私選の弁護人になるのか、被疑者援助制度の弁護人になるのか。少年は家庭裁判所に送致されているのか（私は少年が鑑別所に収容されているので、事件は家庭裁判所に送致されていると思っていた）。少年からもらう選任届は弁護人選任届になるのか、付添人選任届になるのか。鑑別所の職員に聞いてもはっきりしない。そこで家庭裁判所に聞くと、本件少年の事件は送致されていないという。こうなれば刑訴法上の勾留ではないか、と思って京都地裁の令状係に電話で聞くと、勾留ではなく勾留に代わる観護措置であることが判明し、改めて少年より弁護人選任届をもらって、京都地検に提出し、観護状謄本の請求をして、これを入手し、正確な犯罪事実を知ることができた。その内容は前記のとおりであり、少年3人による路上における中学生からの金員の喝取事件であった。Bには既に私選弁護人がついており、Cには弁護人がついていないようである。

3 以上のとおり、弁護人選任の段階で若干の混乱はあったが、少年の母親に電話して事情を説明すると、弁護料は払うので弁護して欲しい、そして高校に行きたがっているので早く出して欲しい、と私に要求してきた。そこで、勾留に代わる観護措置の取消について、どのような手続が可能か調べてみたが、はっきりしない。勾留に対する準抗告、勾留取消請求等が認められるのか、法文上は明白ではないが、理論的には可能ではないかと考えて、勾留に関する刑訴法上の準抗告をすることにした。そこで急遽簡単な準抗告の申立の理由を書いて、京都地裁に提出した。私は準抗告が殆ど認められない実務の現状の中では、本件の準抗告も認容されない可能性が大きいと思っていたところであった。

ところが、その日（4月21日）の午後8時ころ、京都地裁より電話があり、「準抗告が認められました。少年は釈放されます。」ということであった。当初は私の耳を疑ったが、間違いなく釈放される、というので、少年の母に電話した。すると、少年の母も、こんなに早く釈放されるものとは予想していなかったのか、涙声になって喜んでおり、これから少年を迎えに行くということであった。これで私は一人の高校生の少年を救うことができた。退学処分を受けることもないだろう、と思って安心した。少年はその数日後には、高校に復学して、勉強とサッカーに熱中しているということであった。

B、Cの勾留はどうなったのか。聞くところによると10日間の勾留で釈放され、観護措置（鑑別所送致）は受けなかったようである。少年3人とも、7月12日現在、家庭裁判所の保護処分はなされていない。そして、本件の準抗告に対する決定は以下のとおりである。

平成17年（む）第××号（基本事件　平成17年（む）第××号）
決　　定

被疑少年
　　氏名　　××××
　　年齢　　平成元年××月××日生
　　住居　　京都市××

職業　高校生

　上記の者に対する恐喝被疑事件について、平成17年4月18日京都地方裁判所裁判官がした勾留に代わる観護措置の裁判に対し、同月21日、弁護人若松芳也から適法な準抗告の申立てがあったので、当裁判所は、次のとおり決定する。

主　文

原裁判を取り消す。
本件勾留に代わる観護措置請求を却下する。

理　由

1　本件準抗告の申立ての趣旨及び理由
　弁護人作成の「準抗告の申立」と題する書面に記載のとおりであるが、その要旨は、被疑少年は、本件被疑事実について自白して反省しており、罪証隠滅のおそれはなく、家庭環境に鑑みると、逃亡のおそれもなく、被疑少年を高校に復学させる必要性があるから、被疑少年について、勾留に代わる観護措置を認めた原裁判を取り消し、本件勾留に代わる観護措置請求を却下されたいというものである。

2　当裁判所の判断
(1)　本件は、被疑少年が、高校生である友人2名と共謀の上、路上を通行中の被害少年ほか1名に声を掛け、被害少年から、現金6000円を脅し取った恐喝の事案である。
(2)　そこで検討すると、一件記録によれば、共犯少年2名は、本件直後にも本件と同種の犯行を行っていたことが認められ、被疑少年もこれに関与したことがうかがわれるのであり、本件犯行前後の経緯や共謀内容、具体的犯行状況等を明らかにするため、被疑少年らの供述が重要であると認められるが、被疑少年らの供述状況や現時点における捜査の進ちょく状況等に鑑みれば、被疑少年が共犯少年らと通謀するなどして、これらの点について罪証を隠滅するおそれがあると認められる（なお、本件事案の内容、被疑少年の家庭環境、生活状況等に鑑みれば、逃亡のおそれがあるとは解されない。）。
　しかしながら、本件事案の性質、被害の程度、被疑少年が非行歴のない公立高校1年生であること、家庭の監督能力も一応認められることなどに照らすと、本件が被疑少年の身柄を拘束して捜査を遂げなければならない事案とは言えず、勾留に代わる観護措置の必要性は認められない。
(3)　そうすると、本件準抗告の申立ては理由があるので、原裁判を取り消した上、本件勾留に代わる観護措置請求を却下することとし、刑事訴訟法432条、426条2項により、主文のとおり決定する。

平成17年4月21日
　京都地方裁判所第3刑事部
　　　裁判長裁判官　　氷室　　眞
　　　　　裁判官　　武田　　正
　　　　　裁判官　　南場　裕美子

第11章　鑑定もなく公判１回の結審で心神耗弱を理由に刑を減軽した例

I　事実の経過

　本件は、2003年8月末ころ、被告人が覚せい剤0.1gを注射使用して精神に異常を来たし、友人の乗用車を運転して人身事故を起こし、逃走して逮捕されたという事案であるが、その人身事故である業務上過失傷害と事故報告義務違反について、一回公判の審理だけで心神耗弱を認めて、刑の執行猶予の判決を受けて釈放されたという事件である。被告人は前科がなかった。
　本件事実について時系列に整理すると次のとおりである。
① 　2003年9月2日、覚せい剤5.694gの営利目的所持で通常逮捕。その後勾留。
② 　同年9月22日、前記覚せい剤の営利目的所持の件は釈放され、同日覚せい剤使用で再逮捕。その後勾留。
③ 　同年10月10日、覚せい剤0.1gの使用と覚せい剤5.694gの単純所持で起訴。
④ 　同年11月17日、第1回公判の覚せい剤の使用と所持は全て認めて、書証は全て同意。
⑤ 　同年11月17日、保釈請求。同日、刑訴法89条3号（常習性）を理由に保釈請求却下。
⑥ 　同年11月26日、業務上過失傷害と道路交通法違反で追起訴。
⑦ 　同年12月22日、第2回公判。追起訴事実の審理。公訴事実は全て認めて、書証も全て同意。心神喪失又は心身耗弱の主張をする。情状関

係について、被告人と実母の尋問。続いて論告（求刑3年6月）と弁論
をして結審。
⑧　同年12月25日、判決。主文は懲役2年6月、4年間の刑の執行猶予。
未決勾留日数のうち30日を本刑算入。所持にかかる覚せい剤の没収。
同日、被告人は釈放。

II 本件の争点

1　被告人の供述によれば、覚せい剤の入手と所持・使用の経過は次のとおりであった。

　被告人は、2003年5月か6月ころより覚せい剤を使用するようになり、同年8月初めころからは、1日に2～3回覚せい剤を使用する状態に至っていた。その覚せい剤は、大阪西成に行って一度に10万円分を買うようにしていたということであり、最後は、8月12日ころ自分で使用するために、西成で20万円で覚せい剤約9gを買って入手し、家族関係などで多くの悩みを抱えておりストレスがたまっていたので、これらの苦悩を癒すために覚せい剤を多く使用するようになった。

　そして、8月31日に、0.1gの覚せい剤を最後に注射したところ、誰かに殺されるという幻覚に襲われて、覚せい剤の残量5.694gを自宅に放置したまま、逃走するため自宅にあった友人の乗用車を運転して走り出したところ、交通事故を起こして停止し、乗用車より下車して走って逃げたが、9月2日に警察に出頭して逮捕された。

2　前記被告の供述によれば、覚せい剤の使用と所持は明らかであるが、覚せい剤所持の目的は自己使用のためであるから、その営利性を排除することが起訴前弁護の第1の目標であった。検察官は、被告人の自己使用目的の所持であるという一貫した主張を認めて、最終的には営利目的なしの覚せい剤所持で起訴したので、被告人は刑の執行猶予の可能性が高くなった、と喜んでいた。

第2の目標は、被告人の保釈であった。被告人は、弁護人の私と面会するたびに、保釈をとってくれと執拗に要求した。記録から見れば被告人は前科はないが、覚せい剤の中毒者になっていることが認められるので、その常習性を理由に保釈は認められない可能性が高いので、そのことを私が説明しても納得しなかった。そこで、保釈請求したが予想どおり却下になったので、すみやかに刑の執行猶予の判決を受けることをねらうことにした。

　そこで、第1回公判において、覚せい剤の所持・使用については全面的に争わずに書証も全て同意し、第2回公判においても、業務上過失傷害と道交法違反は、その事実を争わず全面的に認めて、書証も全て同意して、検察官立証を終了させ、弁護人としては被告人の責任能力のみを争うことにした。

III　被告人の責任能力について

1　証拠から見れば、被告人は、覚せい剤の注射使用によって精神に異常を来たして、誰かに殺されるという幻覚妄想におそわれ、覚せい剤5.694gを部屋に放置したまま室外に飛び出し、友人の乗用車を無断で運転して公道に出て、交差点の信号を無視して進入し、3台の車に接触し、うち1台の運転手に傷害を与えたが、更に乗用車を運転して逃走したところ、最後にはエンストで車が停止したので、下車して逃走していることが認められた。このような事実を前提にして、責任能力をいかに争うべきか思案した。精神鑑定を求めるべきか否か。

2　被告人の要求は、とにかく早く勾留場所から出て働きたい。気が狂いそうなので早く出してくれというばかりであった。そこで私は、すみやかに保釈許可を得る可能性の少ない被告人を社会復帰させるには、刑の執行猶予の判決をとるしかないと考えて、第2回の公判で弁論を終結する方針をとった。

　そして、責任能力に関する事実については、検察官提出の書証の中に供述されている被告人の幻覚症状を摘示して、被告人は事故当時には心神喪失又は心神耗弱であったと主張した。

精神鑑定をすれば、心神喪失の結果が出たかもしれないが、保釈の可能性のない被告人にとって、その鑑定のため数ヶ月も拘束されることは耐え難いことであると思われたので、鑑定の申立はしないことにした。
　このようにして、第2回の公判で被告人質問と情状証人尋問を終了して、裁判所には年内に判決をしてくれるようにお願いして、弁論終結後の3日目に刑の執行猶予の判決を宣告してもらった。
　判決は、被告人の責任能力については次のとおり判示している。
　「被告人は、捜査・公判供述中で、『他の暴力団員らから命を狙われているように感じて車で逃走し、運転中も銃の弾丸を避けながら運転している感じで、妄想から逃れるのに必死だった』などと説明するところ、昼下がりにあられもない服装で戸外を走り回り、警察に検挙されるかもしれないのに多量の覚せい剤を無頓着に放置し、すでに大きく破損して衆目を集める外観の自動車で走行を続けるなど、相当に視野が狭まっていたと見られる一連の行動経過は、上記の被告人の供述内容を裏付ける。当時、行き来のあったはずの暴力団事務所と住居とを結ぶ経路を走行中であるのに、途中の交差点の信号機の表示を確認せずに事故に至ったことも、被告人の切迫した精神状態を物語る。」
——中略——
　「そうすると、被告人は、自車の動静を統制し、走行時の危険を避けるべく、それなりに道路状況や他者の動きを感知しながら意図に応じて自車を移動させており、これを一応記憶に刻んでもいるから、その是非弁別能力や行動制御能力が全く失われていたとは考えられない。」
——中略——
　「覚せい剤の薬理作用が被告人の精神に障害を来たしてはいたが、被告人が心神喪失の状態であったことは認められず、ただし、その是非弁別能力又は行動制御能力のいずれかが著しく減退していた疑いは払拭できないというべきである。ほかに被告人が完全責任能力を有していたと認めるに足りる証拠は存しない。」

Ⅳ　本判決の評価と感想

1　私は、今迄数件の心神耗弱の主張を認めた有罪判決を得ているが、いずれも全て精神鑑定を経由したうえでの判決であったが、本件は全く精神鑑定なしの、しかも追起訴後1ヶ月以内に判決がなされたというまことに迅速な判決であった。

　責任能力を争う事件において、起訴後1ヶ月以内に限定責任能力を認める判決をした例はあるだろうか。本件は検察官の控訴もなく確定しているが、このように迅速に被告人に有利な判決をした裁判官には敬意を表したい。

2　被告人は、被告人質問において、覚せい剤を所持・使用したことを率直に認め、二度と覚せい剤に手を出さない、本当に心から反省していると涙を流しながら、裁判官に訴えていた。

　私としては、営利目的なしとは言え、5ｇを超える覚せい剤の所持も起訴されているので、実刑の可能性も否定できないと予想していたが、交通事故における心神耗弱の存在とともに、被告人の涙ながらの反省の弁もあって、裁判官は刑の執行猶予の判決をしたものと思われる。

　判決日の夕刻、私に対して、釈放されて友人らと食事をしている被告人から、うれしそうな声で感謝とお礼の電話がかかってきた。そこで、私は、もう被告人は覚せい剤に手を出すことはあるまい、と信じた。

　ところが、被告人は、本件判決後1ヶ月も過ぎないうちに、同年1月13日ころ再び覚せい剤使用で逮捕され、私に弁護を依頼してきた。

　しかし、私は、再び彼の弁護をする意欲をなくして、受任を拒否することにした。

第12章　ビデオリンク方式による証人尋問

I　はじめに

　ビデオリンク方式による証人尋問制度（刑訴法157条の4）は、2001年6月1日より施行された。

　ビデオリンク方式による証人尋問は、被告人が在廷する法廷とは異なる別室に証人が在席するようにして、証人を公開法廷から完全に隔離し、カメラ、マイク、モニターテレビ等を、証人、裁判官、検察官、弁護人の各席上に設置して、それぞれ尋問の際は、モニターテレビに写された各関係者の映像を見ながら当事者や裁判官が尋問し、証人はその尋問者の映像を見ながら尋問に答えるという証人尋問方式である。

　法廷では裁判官及び当事者の発声は、そのまま聞けるが、証人はマイクを通じてスピーカーで尋問を聞いて答え、証人の答えは、証人のマイクを通じて法廷にある関係者の席上のスピーカーで聞くことになる。

　私は、刑事法廷において、2001年の9月と10月に前記のようなビデオリンク方式による証人尋問を体験した。私はこのような証人尋問方式について、公開の法廷における被告人の証人審問権を保障した憲法37条2項に反しないのか、スピーカーを通じて法廷に届く証人の供述を公判廷の裁判官の面前における供述と同視してよいのか、モニターテレビに写る証人の表情は生の表情を生々しく写すとは限らず、テレビに写らない細かい動作（手足の微動等）によって判断することもある証人の信用性の情況を得るに充分な映写機能があるのか、等という疑問があった。

II　ビデオリンク方式による証人尋問の経過

1　私の担当している事件は、70歳の男性被告人が被害女性にわいせつ行為をして傷害を与えたという事実で勾留されたが、起訴された公訴事実にはわいせつ行為は記載されず、単純な暴行による傷害となっていた。

　本件の大きな争点は、被告人はわいせつ行為を強く否定しているが、被害女性は捜査官に対してはわいせつ行為をされたと供述していることにあった。

　当然ながら、弁護人の私は被害者の供述調書の証拠調請求には異議を申し立てたため、被害者の証人尋問を実施することになり、検察官はその証人尋問については、被害者が被告人を畏怖していることを理由にビデオリンク方式によることを裁判所に要請した。

　そこで私は、「被告人は、被害者がウソの事実を多く述べているので、被告人の面前での被害者の証言を求めている」と主張して、ビデオリンク方式による証人尋問に反対した。しかし、裁判所は、ビデオリンク方式による証人尋問方式を採用し、これを実施した。

2　ビデオリンク方式による証人尋問では、証人は当初より別室に出頭し、裁判官や訴訟当事者の目に全く触れることなく尋問を受け、その終了後も目に触れることなく帰っている。証人の人定尋問も宣誓も、法廷におけるモニターテレビでの映像で確認する。

　検察官の主尋問では、モニターテレビに証人と検察官の顔が映し出され、弁護人の反対尋問では証人と弁護人の顔がモニターテレビに映し出される。胸から下の挙動は互いにわからない。その画面の切り換え操作は全て裁判官が実施した。

3　このような尋問方式は、直接証人の全体の表情や微妙な動作を見たい場合に不満が残るが、総体的に評価して証人尋問として不適切であった、とは評価できないであろう。

　しかし、証人が虚言を弄していると信じている被告人から見れば、証人と直

接対面できなかったことは相当不満であったようである。証人は検察官の尋問に対しては、検面調書と同一内容の証言をしているが、弁護人の反対尋問では相当に異なる証言をし、わいせつ行為をしていないという被告人の供述と一部合致する証言をした。

Ⅲ　2号書面の証拠調請求の却下

　検察官は、前記証人の証言は弁護人の反対尋問によってくずれたので、その証人の検面調書を刑訴法321条1項2号に基づいて証拠調べ請求をした。
　このいわゆる2号書面の請求に対して、弁護人の私は強く反対意見を述べた。反対意見の要旨は、検察官の主尋問では検面調書と同一内容の証言をしているので矛盾性がないこと、ビデオリンク方式によって証人は公判廷とは別の部屋で当事者や傍聴人から隔離されて証言しているので、その証言時の情況は検面調書の供述時の情況よりはるかに信用すべき環境にあったこと、検察官の2号書面の請求は憲法、刑訴法に反すること等を述べた。
　このような反対意見が功を奏したのか、裁判所は検察官の2号書面の請求を却下した。この2号書面の却下自体極めて珍しいことであるが、ビデオリンク方式による証人尋問の特信性を考慮したものと思われる。

第13章　ひき逃げ中学生の誤認逮捕事件

I　事件の概要

　本件は、1989年2月15日午後1時過ぎころ、京都市左京区の岩倉において、当時中学3年生の男子少年が、無免許のままヘルメット無着用で大型バイク（ホンダCBR400）を運転して、時速約80キロメートルで走行中に、道路を横断歩行中の小学生に衝突してはねとばして重傷を負わせたが、停止することなく逃げてしまった、という事件である。

　前記ひき逃げ犯人は、パトカーに追跡されて逃走していた時に事故を惹起したものであるから、パトカーに乗車中の2名の警察官は目前で現認しており、かつ、事故発生場所の対向車線において停止していた乗用車に乗っていた大学生2名も事故を目撃していた。そして、事故バイクを放置した場所の近くにいた建設工事のガードマンも犯人を目撃していた。

　また、バイクを運転した少年はパトカーに発見される直前までは、バイクにまたがったままゆっくりと同級生の親友Dと並んで道路を南進しているときに、進路前方からパトカーが来るのを発見して、あわててUターンして進路を変えて逃走北進したものであるから、親友Dも事故バイクの運転手を熟知している。パトカーの警察官が逃走するバイクの少年に対して「A止まれ」とマイクで叫んでいたのをDは聞いている。

　Aは、事故発生より約1時間半後に、自宅において友人Cと昼寝をしている時に捜査官に自宅から呼び出されて、自宅付近で事情聴取を受けたとき、「朝からずっと自宅で寝ており、家から一歩も外に出ていない」と弁明した。捜査官はAを下鴨警察署に同行し、その日の午後5時ころ犯行否認のままAを緊急逮捕した。

Aが逮捕されたことを知った真犯人B及びC、Dを含めて友人10名位が、逮捕の当日の夜下鴨署に参集して、Aは犯人でないのでAを釈放せよと激しく抗議している。ABCDらは同一中学の非行グループに属する親友であり、本件バイクも事故より2日前にABCが共同して窃取して来たものをBが乗りまわして遊んでいたのである。

　Aの友人約10名が3日間にわたり、下鴨署においてAの釈放を求めて激しく抗議したが、Aが釈放されなかったので、結局Bは自首することを決意し、同月20日下鴨警察署に付添人、父と共に出頭した。そして事故の概要を説明した自白調書を作成されるが、捜査官が誤認逮捕されたAをかばうための身代わり自首であるとして、Bを犯人と認めようとはしなかった。

　一方、Aの母より弁護を依頼された私はAの付添人となり、2月20日家庭裁判所にAの観護措置の取消請求をしたところ、家庭裁判所はこれを認めて同日Aを釈放した。しかし捜査官は、Bに対して自白の撤回を執拗に求めて、BからAを犯人とする供述を得ようと執拗に迫っていくのである。

　そのようなBに対する取調が継続されている途中の同年3月17日、Bは下鴨署において取調官に暴行したという公務執行妨害と傷害で現行犯逮捕され、身柄を拘束されるという事態が発生した。そしてBは、逮捕された日の翌日には自白を撤回して、Aがひき逃げ事故を起こしたという供述調書を作成される。

　しかし、Bは家庭裁判所においては、最初は自分が犯人ではないと証言していたが、私の反対尋問では自分が犯人であることを認め、事故の状況について詳しく証言した。

　ところが、Bは、家庭裁判所で証言した2日後には警察の取調で再度供述を変更し、Bは犯人でなくAが犯人である旨の供述調書を作成される。

　このような過程を経て、京都家庭裁判所は同年3月28日、Aの弁明を全面的に認めて、Aに対して非行事実なしの不処分決定をなしたものである。

Ⅱ　本件における問題点

1　本件における問題点は極めて多い。

　私は、真犯人Bが自首するということを聞き、それならば簡単にAの冤罪は立証されて無罪の決定がでるだろうと軽く考えて、本件を受任した。受任した日の翌日に事件は家裁送致となり、その当初の記録は幅10センチメートルのキングファイル1冊分であった。ところが、その後も捜査記録が続々と送致されて、記録が当初の6倍になり、キングファイル6冊分となった。

　この膨大な記録から明らかなとおり、警察がB真犯人説をつぶしてA真犯人説を立証するためになした捜査活動は凄まじいの一言に尽きる。京都洛北の上高野(Aの居住地)、岩倉(事故発生地)、鞍馬(Bの居住地)の地区の多くの住民や中学生らが警察の事情聴取の対象とされており、捜査員は府警本部からの応援も含めると数十人位を投入しているであろう。

　このようにして収集された本件の膨大な記録の中には、少年非行をめぐる多くの社会問題が凝集されている。私には、その全てを分析検討する能力も時間もないが、思いつくままに問題点を列記すると次のとおりである。

(1)　教育上の問題

　非行少年に対する教師の対応活動のあり方、日常の教育のあり方等。

　本件では数人の教師の供述調書があり、教育の実態が語られている。

(2)　親子関係の問題

　非行少年らの家庭の実態、親子のあり方等。

　本件では約10人の少年父母の供述調書があり、いずれも深刻な家庭事情の一部が記録されている。

(3)　少年達の友情・男女関係の問題

　真犯人も誤認逮捕された者も全て仲のよい同一グループの一員である。

　互いのかばいあいと罪のなすりあいがあったり、Bに関する偽証工作がなされたりしている。

　少年達の供述調書は男女10人以上に及んでいる。

(4)　犯罪捜査の問題

捜査官の目撃証人に対する工作と目撃証言のずさんさ。

予断と偏見に満ちた捜査活動。少年に対する捜査上の配慮のなさ。

捜査官のAに対する強引な逮捕とBに対する偽証工作。本件バイクの窃盗事件に関する事件処理の不明朗さ。

(5) 弁護活動上の問題

冤罪少年の救済手続上の不備。

観護措置に対する抗告・準抗告等の手続上の不明確さ。

証拠保全の可否、証人尋問請求の可否の法律上の不明確さ。

刑事補償上の不備。

私は、冤罪少年を救済するための刑事手続が極めて不備であることを痛感した。

2 以上のような本件における問題点は、どれ一つをとっても一篇の論文が書ける程の問題であって、深刻かつ複雑なものばかりである。

私は、職務上、とりあえずA少年の無罪を立証するに必要な弁護活動をしたにすぎない。従って、以下においては、主としてA少年の無罪立証のための弁護活動を中心に述べることにする。

Ⅲ 本件の真相

1 本件の被疑事実は、前記のとおり少年Aにおいて1989年2月15日午後1時7分ころバイクを運転して小学生をひき逃げしたという事案であるが、Aは、前記事故発生時には自宅で寝ていたのである。

すなわち、Aは、前記事件当日は、深夜の暴走族を見てから午前5時ころ、友人Cと自宅に帰宅して2階の自室で寝ており、同日午後2時43分頃警察官が自宅に来るまで、自宅から全く外出せずに居た。このことは、A及びCの各供述調書で一貫して供述されている。

前記AとCがAの自宅に居た時間帯において、前記15日の、

① 午後0時35分ころAの母の妹がA宅に電話してAと会話し

②　午後0時50分ころ友人DがA宅に電話してAと会話し
③　午後0時30分ころと午後1時40分ころの2回にわたってBがA宅に電話して会話し
④　午後2時過ぎにCの母がA宅に電話してA及びCと会話し
⑤　午後1時前後ころ、女友達HがA宅に電話してA及びCと会話し
ているのである。

①の電話は野菜を届ける旨の連絡であり、②は遊びに来いという誘いの電話であるが、Dの供述によると、「Aがねむたそうな声で電話口に出て来ました」ということであり、③のBの1回目の電話は遊びの誘いであったが、2回目の電話は「自分が人をひいた。警察はAと間違っているようだ」という通報であり、④の電話はAとCに対して事故を起こしていないかという確認であり、⑤の電話は女友達からの遊びの誘いの電話であった。前記電話にはいずれもAが出ているが、半分眠っているような寝ぼけた状態で対応していた。

前記のような電話の対応状況は少年が事件発生時には自宅に居たことを充分に裏付けていると思われる。

2　また、事件当日午後2時43分ころA宅に警察官が来て、Aを外に呼び出したときの状況は、報告書によると「被疑少年は赤白二色のトレーナーとスウェットパンツ姿で別段変わった様子もなく出て来た」ということであり、A少年は自宅前で警察官に対して「朝から自宅で寝ていた」旨説明している。しかし、警察官はAを下鴨署に連行して行くのである。そして逮捕される。

3　一方Bは、1989年2月20日下鴨署に自首して、本件を犯したことを自白する。しかし、捜査官は同人を真犯人と認めず、参考人としての取調べを継続する。

Bが真犯人であったことは、同人の自白のみならず、Bが自首する前は嘘を言っていた友人Dが、「僕はBが警察官にバイクに乗っているところを発見される直前に、Bのバイクの後部に乗っていた。僕が下車した後、BはUターンしてパトカーに追いかけられていった」と、Bの自首後に捜査官に供述しているこ

と、犯行直後Bは自己の犯行を隠すために金色の髪を黒く染めていたこと、バイク運転時に着用していた緑色のトレーナーを友人宅に隠匿していること等により充分裏付けられている。

またBは、犯行後その日のうちに先輩や実兄に半泣きの声で「人をひいた」旨電話で告白している。

更にBは、2月18日夜に、Aの保護司に面会して「ひき逃げは自分がやった。Aのおばちゃんに謝りたい」と泣きながら告白し、翌19日午前3時ころにAの母に会って、同様に泣きながら謝罪している。そして、19日午後6時ごろに、私の事務所に来て詳しく事故の経過を説明しており、その後、担任の先生の自宅を訪れて泣いていたという。

前記のようなBの行動は、真犯人が後悔と謝罪と自責の念に燃えて示す自然な展開であると思われる。

Ⅳ 捜査上の誤り

1 本件は、まずパトカーに乗って岩倉駅の東側の岩倉中通りを北進していた警察官2名が、ヘルメットを着用しないで本件バイクに乗って歩行者と話しながら南進徐行している中学生らしき者を発見して、これに近づいて行ったところ、バイクはUターンして北進を始めたところから始まる。このとき、前記警察官は、右バイクの運転手を補導したことのある少年Aであると早合点して「A止まれ」とマイクで呼び掛けて追跡している。これが本件の誤解の始まりであり、犯人捜索を誤らせた第一歩であった。前記パトカー乗車の2名の警察官によるAに対する強固な偏見と予断がバイクの運転手BをAであると一方的に誤認せしめたのであろう。

2 次に、本件バイクを乗り捨てた近くで歩行中の不審な少年を目撃したガードマンは、最初は当該少年をAに似ていたと捜査官に供述していたところ、その後その供述を訂正して170cm位の身長であってBに似ていたと述べ、最初の証言は警察に迎合していたことを認めるに至る。そして、捜査官も本件バイ

クを乗り捨てた者はBであったことを認めて次の如く考察する。

　即ち、事故直前に本件バイクに乗っていたBと原付バイクに乗っていたAは互いにバイクを乗り換えて、Aが本件事故を惹起し、その後再びAとBはバイクを乗り換えて、Aは原付バイクで自宅に帰りBは本件バイクの発見場所にこれを乗り捨てたという奇想天外な考察をしている。

　このようなことは物理的に不可能でないとしても、およそ現実性のない空想的推理であって、捜査官の捜査の誤りを自ら露呈したものである。

3　Bは、前記のとおり別件で逮捕された3月17日後に引き続き身柄を拘束されたうえ取り調べを受け、ひき逃げの自白を撤回させられている。

　新聞によると、捜査官はBに自白を撤回せよと圧力をかけていたと報道されている(1989年3月4日付読売新聞)。Bの自白を撤回する旨の供述調書はその記載内容自体から極めて混乱していることが認められ、その自白撤回の動機、状況が具体性に乏しく、事故直後の言動(友人等に対する告白と偽証工作)と比較して信用できないものであった。

　また、Bは2月19日に私と面接して、事故の情況を詳しく説明しているが、その情況は真摯なものであり、具体的かつ臨場感にあふれるものであった。その時の情況は録音してあったので、そのテープを証拠として提出した。

V　Bの審判廷における証言

1　Bの証言の要旨

　Bは、1989年3月23日家庭裁判所に出頭して、まず、最初に裁判官の尋問を受けた。裁判官の尋問に対するBの証言の要旨は、事件当日、バイクに乗っているがひき逃げ事故は惹起していないこと、服装は黒のジャンパーの下に緑のトレーナーを着ていたというものであったが、事故直前直後の行動について曖昧な証言であり、一見して偽証していることが判るような証言態度であった。

　裁判官の尋問後の私の反対尋問において、事故直後に緑色のトレーナーを友人の物置に隠した事実、女友達のTやKの家に寄っている事実、数名の親

友達に「人をひいた」と告白している事実等を確認されると、終に裁判官に対してなした虚偽の証言を撤回して自分が本件ひき逃げの真犯人である旨認めるに至った。

　Bは真犯人であることを認める旨の証言をした後は、2月19日に私に説明した事故の情況は全て真実であること、警察は自分がやったと言っても全く受け入れてくれず、自分を真犯人でないと決めつけるので、別件で逮捕された後に自白を撤回したこと、Aがやったという自分の調書は警察が勝手に書いたものであること、別件で逮捕後も毎日のようにひき逃げのことで取り調べを受けていること、等の事実を明らかにした。

　そして、再度の裁判官の尋問に対しては、事故の情況を具体的かつ詳細に生々しく積極的に説明している。また被害者に謝罪と見舞に行こうとしても、警察は行かん方がよいと言って被害者の住所氏名を教えてくれない、と言う。最後に「自分はこれからどうすればよいのか、警察がこわい。Aにはすまないことをした」等と証言している。

2　前記のようなBの証言は、Bが真犯人であることを疑問の余地なく認識せしめるものであるとともに、これを無謀に否定せんとして、捜査官の異常なまでにBに対して自白撤回を迫っている不当な取調情況の一部を明るみにした。Bの「自分はこれらどうしたらよいか。警察がこわい。」という真剣に不安そうに訴える同人の供述は、真に迫るものがあり息をのむ思いであった。

3　当日の審理が終了して、私とAとその母が審判廷を出て廊下を歩いて行くと、警察官3名とBの母子が待っており、BがAに近づいて頭をたれ「すまなかった。悪かった。」と涙ながらに謝り、後は言葉にならず、2人とも肩を抱き合って泣いていたことがあった。

　取調担当と思われる警察官3名は、この情況を複雑な表情で傍観していたが、私は思わず前記警察官に向かい「この二人の子のこの様子をよく見てくれ、人間の心があるならこの子らの気持ちを察してやれ」と言っている。私には少年二人が、警察の異常不当な捜査活動に翻弄されて取調の犠牲になってい

ると思われてならなかった。

VI 本件捜査の影響

　本件捜査の第一歩は、パトカーに乗車していた2人の警官が、ノーヘルでバイクに乗っていた少年がBであったにもかかわらず、これをAであると誤認したことに始まる。この誤認は南向きのバイクがUターンして北進する時の少年の顔を見た時に生じている。前記両警察官はAを何回か補導したことがあったのでその顔をよく知っており、見間違いをすることはないと断言しているが、このような目撃供述ほど信用できず、多くの誤判の原因となっていることは歴史的な事実である。

　特に、前記両警官は、少年Aについて非行を反覆している極悪少年の如き予断を形成していたようであるが（このことは警察の提出している少年の悪性立証資料が意識的に拡大収集されて提出されていることからも明らかである）、このような少年に対する強固な予断と偏見が、横顔がよく似て共に金髪にしていたAとBの区別がつかず、一方的にバイクの少年をAと思い込み、そのように思い込んだ後は、その思い込みが故意又は過失により確信にまで至っているのであろう。そのようなことは誰しも陥る人間の目撃観念の形成における過誤であって、このような犯人識別供述に絶対的な信頼をおくことは誤っていると思われるが、捜査官はかかる仲間うちの警察官の目撃証言を金科玉条の如く盲信し、これを撤回しなかったことは遺憾であった。

　そして捜査官が仲間うちの警察官の目撃証言に全面的に依拠して、捜査を一方的にA少年真犯人説に従って暴走させたことは、許しがたいことであった。そのために多くの市民や少年らに警察不信、感情対立、少年らの傷心等を生じせしめた。

　その中で最も悲惨に傷ついた少年はAとBである。Aは身に覚えのない犯罪で逮捕拘束されて傷つき、良心に目覚めて勇気を以て自首したBは別件で逮捕されたり、捜査官に自白の撤回を迫られて一時偽証を余儀なくされて、更に審判廷で真実のひき逃げの自白を証言するに至る等の異常な体験を経由した。

事件発生前後のそれぞれの主張

	A君	B君	警察
2月15日 13:00 （事故発生）	午前5時ごろ帰宅。友人と2階で寝る。 ↓ ↓ ↓ 親類や友人からかかってきた電話にでる。 ↓ ↓ ↓ Bから電話「今事故を起した。パトカーがA待てとどなったのでお前が犯人と間違われるかもしれない」 ↓ ↓ ↓	オートバイを押しながら友人と2人で歩く。 ↓ パトカーと出会い、Uターン小学生をはねる。パトカーが「A待て」とどなるのを聞く。 ↓ そのまま逃げて空き地にオートバイを放置。 ↓ ↓ ↓ 友人宅へ行きジャンパーを預け髪を染めかえる。	AとBは登校途中に合流。バイクを交換し違った場所を走る。 ↓ ↓ Aが小学生をはねる。近くを走っていたBはパトカーのどなり声でAの事故を知る。 ↓ 逃げるAにBが追いつき、かねての約束通りBがAの罪をかぶるために再びバイクを交換。 ↓ ↓ ↓ A自宅へ。 Bは途中でバイクの指紋をふきとり放置、友人宅へ。
14:00	警官が任意同行を求める。 ↓		
17:00	下鴨署内で逮捕		

（1989年4月14日　毎日新聞朝刊より引用）

　2人の少年とも多感な思春期において、最も醜悪な捜査の暗い部分に接したことになろう。

　このように、誤認逮捕されたAも、自首したBも、家族と共に、異常に不当な捜査活動の激流に巻き込まれて翻弄され、生涯にわたり癒すことのできない計りしれない程の深い心の傷を受けたものと思われる。その他少年らの親友、教師、保護者らも警察の取調べを受け、殆どの者が不愉快な思いをしていたようである。警察は真実を言っても信じてくれない、と不満を述べている者が多かっ

たのである。

　本件の不当な捜査活動が地域社会の住民に与えた影響は余りにも大きい。警察に対する認識を改め、不信を拡大した者もおり、また住民間の相互の人間不信に陥った者もいる。特にAが逮捕拘束された日から3日間にわたり、誤認逮捕を最もよく知っていたAとBの共通の10人位の親友が、下鴨署に参集してAの釈放を求めて激しく抗議しているが、この少年らの受けた衝撃も深いものがあろう。

　このようにして本件は、少年らが今後大人の世界に入っていくに当たり、大人社会と警察に関して多くの暗い教訓を与えることになったことは疑いなく、また少年事件の捜査活動に対して深く反省を求めるものと言うべきである。

第14章　少年に対する刑事補償・費用補償について

1　本件少年事件は、小学生をバイクに乗って引き逃げしたという事実で緊急逮捕され更に勾留に代る観護措置により7日間拘束されたが、真犯人が自首したので、非行事実なしとして不処分になった事案である。

　私は少年の逮捕後5日目に付添人を依頼されたものであるが、1989年3月28日に少年が不処分決定を受けた後、同年4月18日に京都家裁に刑事補償及び費用補償の請求をなし、同家裁が同年6月30日に請求棄却決定をしたので、大阪高裁に即時抗告の申立てをしたところ、同高裁は同年9月22日即時抗告を棄却した。

　そこで、私は更に同年9月27日に最高裁に特別抗告の申立をしたところ、最高裁は特別抗告申立後約1年半過ぎた1991年3月29日に私の特別抗告を棄却する旨の決定をした。結論についてはある程度予想していたとは言え、誠に残念というほかなく、裁判所における憲法解釈の狭量性を改めて確認した。

2　私は、本件刑事補償等の請求書の作成に着手するまでは、何らの疑問もなく、非行事実なしの不処分決定を受けた少年にも刑事補償等が当然に支給されるものと思い込んでいた。私は、その実務を知らなかったことを恥じるほかないが、それは実務が悪いのであって、憲法上は現在でも私の考え方が憲法に適合するものと信じている。

　私は、本件刑事補償等の請求書を起案する段階になって関係文献等を調べたところ、本件の如き事案は刑事補償の対象とならないとする昭和44年7月16日仙台高決によって実務が運用されていることを知ったが、これに関する最

高裁の判断は、私の調べた限りでは発見できなかった。過去において多くの少年の冤罪事件が公表されているにもかかわらず、その刑事補償について最高裁の判断が存しないというのも不審に思われた。私は、とにかく裁判所において無罪の判断を受けた冤罪の少年に対して刑事補償等を支給しないのは憲法に反する、社会正義に反すると考えて、前記請求をすることにしたのである。これに対する最高裁の判断を求め、最高裁が冤罪少年の刑事補償を認めないというのであれば、世論に訴え、立法を促すより仕方ないと考えていた。

　私の作成した請求の理由を要約すると、①憲法40条の「無罪の裁判」には非行事実なしの不処分決定も含まれると解すべきであること、②刑事補償法の「刑訴法に基づく無罪の判決」の中には、少年法による非行事実なしの決定も含むと解すべきこと、あるいはこれを準用又は類推適用すべきこと、等を主張し、無実の少年に刑事補償等を支給しないのは憲法40条及び14条に違反するものと、主張した。この問題について論じた学説等を発見することができなかったので、私は憲法の教科書等を読み直し、若松説を構築せざるを得なかった。

　最高裁、法務省、日弁連等から出ている文献でも、無実の少年に刑事補償を支給しないことは違憲だと主張したものはなかったが、問題であるとか立法上考慮すべきだと書いてあるものもあったので、本件の問題は、法曹三者が一致して立法上の不備を指摘しているところであるから、裁判所は解釈によって無実の少年に対しても刑事補償等を認めるべきである、とも主張した。しかし、京都家裁、大阪高裁、最高裁のいずれの棄却決定も、非行事実なしの不処分決定は刑訴法上の無罪の判決に該当しないという形式的理由で、私の主張を排斥した。又本最高裁決定は、家裁の不処分決定には一事不再理の効力はないとしているが、この点は憲法39条の趣旨に反する解釈である。

　私としては、強く憲法40条にいう「無罪の裁判」の解釈判断を求めたのに、いずれの裁判所も憲法40条の解釈を深く展開することを回避して、刑訴法上の解釈から違憲でないという論理を導いているのは納得できないところである。何故なら、刑訴法の上位にある憲法の解釈について独自に憲法上の解釈をすることなく、下位にある刑訴法の解釈を根拠に合憲性を論ずることは、論

理が逆転しているからである。最高裁の2人の裁判官は補足意見として実務上の不合理性を否定出来ないことを指摘して立法を促すような見解を明らかにしているが、このことを受けてか、法務大臣は4月9日の参議院法務委員会において、立法的解決を検討すると答弁している(1991年4月10日付朝日新聞)。結局、本件の如き事案は、立法的解決を待つほかないということになろう。しかし立法的解決は、少年審判に対する検察官関与を認めることを条件にすることが予想される。従って、立法的解決も容易ではないと思われるが、あくまでも憲法上の理念に適合し、少年の保護福祉に寄与するための立法的解決を図るように在野法曹の方も支援運動をする必要がある。

3 それにしても、戦後40年以上も、逮捕勾留された無実の少年が刑事補償の対象とならないことを放置した法曹界の責任は大きい。刑事訴訟の分野では現代の文化水準に適合しないような法の不備や実務の運用が多く見られるが、われわれ在野法曹は、そのような刑事実務の退嬰的現象を厳しく指摘して、刷新する責務がある。なお、本決定に関する批評としては、判例タイムズ755号(1991年)90頁の解説のほかに、荒木伸怡「不処分決定と刑事補償の要否」警察研究第62巻第6号(1991年)15頁以下の厳しい批判があるので参照されたい。

　　　［追記］
　　　　本件を契機に、1992（平成4）年6月19日、「少年の保護事件に係る補償に関する法律」が成立し、同年同月26日に公布され、同年9月1日から施行されるに至った（最高裁判所事務総局『少年補償事件執務資料』〔法曹会、1993年〕参照）。

第15章　刑事補償及び費用補償について
——補償を受けない冤罪者たち

I　はじめに

　無罪判決の確定した者が、抑留拘禁されていた場合には、刑事補償法に定める補償を受ける権利（以下、刑事補償請求権という）があり、私選弁護人を選任等して訴訟費用を出捐した場合は、刑事訴訟法第188条の2に定める費用の補償を受ける権利（以下、費用補償請求権という）がある。刑事補償請求権は、抑留拘禁されなかった被告人には発生せず、費用補償請求権は、国選弁護事件には原則として発生しない。

　従って、抑留拘禁（逮捕、勾留、受刑服役等）されて無罪が確定した被告人が私選弁護人を選任していた場合には、刑事補償請求権と費用補償請求権の双方の権利を行使することができる。

　このような刑事上の各補償請求権は、充分に行使され、機能しているだろうか。弁護実務の情況をみると、誠に寒心に堪えない思いがする。例えば、次のような事例がある。

① 数年前に業務上過失傷害事件で無罪判決をとった弁護士との勉強会に出席したとき、その弁護士に対して、費用補償の請求をしたか、と問うと、「していない。そんな補償請求ができるとは知らなかった。」と述べていた。

② ある会合の席上で無罪判決のことが話題になり、某弁護士が過去に私選で2件位の無罪判決をとった例があるというので費用補償を請求したか、と聞くと、元裁判官出身の某弁護士は、「そんな請求ができると

は知らなかったので、していない。」と笑っていた。
③　被告人ABCの共犯事件で、私がBの、元検察官出身の某弁護士がAC の各私選の弁護事件の例で、約1年間の勾留後に保釈されて、ABCとも全面的な無罪判決が確定したとき、私がBの刑事補償と費用補償を請求すると伝えると、某弁護士は「なんだそれは。そんなことができるのか。」と聞き返したので、私が各補償制度を説明して、ようやく某弁護士も納得して、ともにABCの刑事補償と費用補償の各補償請求をしたことがあった。

　前記の各例は、私の知っている弁護士達の卑近な事例ではあるが、全国的にみても、そんなものではないか、と推測される。1年間に数件しか刑事事件を担当しない弁護士が無罪判決を得るのは、一生のうちに1件か2件位ではないかとも思われるが、そのような希有の無罪事件に接すると、被告人とともに感激して有頂天になり、刑事補償や費用補償のことは念頭から飛んでしまうのであろうか。日弁連・刑事弁護センター編『無罪事例集第1集』（日本評論社、1992年）によると、費用補償のことは知らなかったと告白している例もある（同書244頁。また、同第2集〔1996年〕によると、10例中5例が費用補償を請求していないことを認めている）。

　以下においては、刑事上の補償問題について、司法統計や私の弁護事件を紹介して分析検討してみたい。但し、被疑者補償規程と少年の保護事件に係る補償に関する法律（少年補償法）による補償については考察外とする。

II　司法統計等にみる刑事上の補償状況

1　全国的な無罪判決の人員数と刑事補償及び費用補償の各請求者数を一覧表にまとめてみると、別表1のとおりである。

　別表1の無罪人員のうち一審判決数は、司法統計年報における通常第一審における全部無罪と一部無罪の判決人員の合計であり、控訴審及び上告審における無罪判決を含んではおらず、また、その無罪判決が確定した人員ではない。犯罪白書においては、全部無罪の判決が確定した人員は報告されている

が、一部無罪の判決の確定した人員は除外されている（犯罪白書の編集者に確認済）。

　刑事補償請求権と費用補償請求権を行使できる者は、全部無罪の判決の確定者のみならず、一部無罪判決の確定者も含まれるので、それらの判決確定者の正確な数字が判明しないと、前記刑事上の補償請求者の無罪判決における正確な割合は算出できない。ところが、各年度における全部無罪判決の確定者と一部無罪判決の確定者との正確な合計数は、犯罪白書や司法統計年報でも判明しない。

　また、無罪判決が確定した者のうち、刑事補償請求権を行使できない身柄不拘束の被告人（但し、罰金確定者は除く）がいくらいるのか、費用補償請求権を行使できない国選弁護の被告人がいくらいるのか、司法統計上はあきらかではない。

　従って、以上のような各統計上の難点はあるが、無罪判決の多くは一審で確定している場合が多いこと、無罪判決の多くは私選弁護事件であること、無罪を争う否認事件の多くは逮捕勾留されている場合が多いこと、控訴審において一審の有罪判決が無罪になったり一審の無罪判決が有罪になったりする例が少ないこと等を前提にすると、通常第一審における全部無罪及び一部無罪の合計人員を全部無罪及び一部無罪の判決確定者と想定しても、大きな誤差はないように思われる。このような前提をしたうえで、無罪判決を受けた人員のうち刑事上の補償請求をした者の割合を算出すると、別表1のとおりである。

　別表1によれば、無罪人員における刑事補償及び費用補償の各請求者の割合は、年度において相当の開きのあることがわかる。一審の無罪判決人員を前提にしてその割合をみると、刑事補償請求者については、昭和63年度は18％、最も高い平成6年度でも48％であり、費用補償請求者については、平成5年度は17％、最も高い平成6年度は66％である。別表1の数値を平均すると、一審判決人員に対する割合は、刑事補償請求者については30％であり、費用補償請求者については28％となり、いずれも無罪人員のうち約3割位しか、刑事上の補償を受けていないことになる。

別表1　無罪人員と刑事上の補償請求者の関係一覧表

項目／年度		昭和63	平成1	2	3	4	5	6	7	8	9	10	平均
無罪人員	一審判決数A	134	199	140	246	131	190	103	93	98	105	95	139
	確定数	87	131	107	197	91	124	58	52	45	58	57	92
刑事補償請求者B	人員	24	42	46	43	38	42	49	35	27	36	37	38
	B／A％	18(28)	21(32)	33(43)	17(22)	29(42)	22(34)	48(84)	38(67)	28(60)	34(62)	39(65)	30(49)
費用補償請求者C	人員	25	79	44	46	30	33	68	20	25	24	20	38
	C／A％	19(29)	40(60)	31(41)	19(23)	23(33)	17(27)	66(117)	22(38)	26(56)	23(41)	21(35)	28(45)

(注)　無罪人員の一審判決数とは、第一審における全部無罪と一部無罪の判決人員の合計であり、確定数ではない。
　　　無罪人員の確定数は、犯罪白書から引用した全部無罪の確定人員であり、一部無罪の確定判決は除外している。
　　　刑事補償と費用補償の人員は、請求（新受）数であり、補償決定数ではない。
　　　B／AとC／Aは％であり、（　）は全部無罪の確定数を分母とした場合の％である。

　そして、全部無罪判決の確定人員を前提にしてみても、刑事補償請求者については、平成3年は22％であり、最も高い平成6年は84％となっており、費用補償請求者については、平成3年度は23％であり、最も高い平成6年度は117％となっている。全部無罪判決と一部無罪判決の人員数は司法統計年報によれば、概ねほぼ同数位であるから、全部無罪判決の確定者のみを分母とする刑事上の補償請求者の割合を算出しても、大きな意義がないように思われるが、参考まで算出表記してみた。ところが、平成6年度の全部無罪確定者における費用補償請求者の割合率をみると、117％となっており、同年度の全部無罪確定者よりも費用補償請求者は10名も多くなっている。これは、前年

度の7月以降に無罪判決を受けた者や一部無罪判決を受けた者が費用補償の請求をしたからであると推定されるが（それとも統計上のミスか）、詳細は不明である。

　また、平成3年は大阪地裁で公職選挙法違反の被告人124名の無罪判決が確定しており、平成5年は松山地裁で公職選挙法違反の被告人33名の無罪判決が確定している。従って、平成3年と平成5年の無罪人員は多くなっているが、前記各公職選挙法違反の被告人について、逮捕勾留された数名のみが刑事補償の請求をしており、私選弁護事件であるにもかかわらず、費用補償については請求していないと言われている（筆者による電話確認）。

　別表1の数値は、前述のとおり、全部無罪と一部無罪の正確な判決確定人員が不明であること、無罪判決人員のうち抑留拘禁された人員及び私選弁護を受けた被告人数が判明していないこと、補償請求の対象者となりうる公訴棄却を受けた人員数が不明であること、等を前提にすると、正確な刑事上の補償請求の状況を如実に表現しているものとは言い難いが、ほぼ実情に近い全国的な実態を示しているのではないか、と思われる。本問題についての識者の御批判と御検討を期待したい。

Ⅲ　私の弁護事例における刑事上の補償事例

1　私が無罪判決を得た被告人について、昭和63年以降において、刑事補償及び費用補償の各請求をして認められた事例は、別表2のとおり5人である。

　別表2の5人の事例のうち、AEの2人は逮捕勾留されて起訴後もしばらく保釈許可もなされずに拘禁され、公判途中で保釈が許可された後に、全面的な無罪判決が確定した事例であって、刑事補償及び費用補償について、特に問題となる点はないが、他のBCDは、それぞれ若干の問題点が存在した。それは以下の諸点である。

(1)　科刑上一罪の一部無罪の例

　Bの例は、人に向けて拳銃を発砲したが命中しなかったという殺人未遂、銃

別表2　刑事上の補償事例

被告人名	年度	刑事補償（円）	費用補償（円）	起訴罪名	備考
A	昭61	7,099,200	2,655,232	殺人	一審有罪、控訴審で無罪確定
B	昭63	0	80,310	殺人未遂、銃刀法違反、火薬類取締法違反	殺人未遂、銃刀法違反、火薬類取締法違反事件の観念的競合につき、殺人未遂は不成立。
C	平2	5,320,000	624,303	暴力行為等処罰に関する法律違反	公判中に刑の執行猶予が取り消されて受刑した。
D	平9	100,000	147,112	銃刀法違反、覚せい剤取締法違反等	別件の勾留中の事件と併合された身柄不拘束事件についての補償。
E	平10	4,337,500	705,021	恐喝、私文書偽造等	一審無罪判決確定

刀法違反、火薬類取締法違反で科刑上一罪として起訴されたが、判決では殺人未遂が立証不充分として、理由中で無罪と確定され、主文では、銃刀法違反と火薬類取締法違反の有罪を前提とした懲役刑が言い渡された。従って、判決主文では無罪の宣告がない例である。そして、未決勾留日数は、前記有罪の刑期の中に算入されているので、費用補償のみを請求して刑事補償は請求しなかった例である。

　本件は、主文で無罪の宣告がなくとも、科刑上の一罪の一部が理由中において無罪と認定されると、刑事上の補償を受けられることを示した事例である。

(2)　公判中に受刑服役した例

　Cの例は、保護観察付刑の執行猶予中の者が逮捕勾留されて起訴され、その公判途中で、前記刑の執行猶予が取り消されて、服役して受刑被告人となった受刑服役中に、無罪判決が確定したものである。弁護人は私と知人の2名であった。

刑事補償の請求においては、受刑服役中も勾留されていたのであるから、受刑中の勾留日数についても補償せよ、と請求したが、決定では、刑の執行を受けるまでの拘禁日数についてのみ刑事補償を認め、かつ費用補償については、弁護人2名分についての費用補償を認めた。

(3)　不拘束事件についての刑事補償

Dの例は別件で勾留されて公判中に、余罪としての拳銃所持が、逮捕勾留もなく追起訴され併合審理されたところ、その拳銃所持のみについて主文で無罪が宣告され、他は有罪とされた例である。

数罪が併合審理され、そのうち一罪のみが無罪になった場合の刑事補償及び費用補償の各金額はどのように算出されるのか、特に無罪の罪では逮捕勾留されていないのに刑事補償が認められるのか、等という興味ある問題点があった。本件の補償決定では、無罪事件の審理に要した日数のうち、本件に算入した日数を除いて算出し、その間も別件で勾留されていたことを理由として、費用補償と共に、20日分についての刑事補償を認めた。本件の各補償金額はいずれも低額であったので、即時抗告したが棄却された。

2　以上のとおり、私の弁護事例では、微妙な事例もあった。別表2には表記していない例で、少年事件の不処分決定を受けた少年について刑事補償及び費用補償を各請求した平成元年の事件では、全面的に請求が棄却されたが、最高裁ではその不合理性が指摘されて、その後いわゆる少年補償法が制定されたこともある（最高裁判所事務総局編『少年補償事件執務資料』〔法曹会、1993年〕2頁参照）。

とにかく、刑事上の各補償についても、被告人の権利を充分に行使することが弁護人の職責であることを自覚し、忘れてはならないと思うのである。

第16章　違法収集証拠排除の論理と弁護活動

I　違法な捜査活動を助長する最高裁の論理

　最高裁判所は、違法収集証拠の証拠能力に関するリーディングケース（最一小昭53・9・7判決、刑集32巻6号1672頁）において、「証拠物の押収等の手続に、憲法35条及びこれを受けた刑訴法218条1項等の所期する令状主義の精神を没却するような重大な違法があり、これを証拠として許容することが、将来における違法な捜査の抑制の見地からして相当でないと認められる場合においては、その証拠能力はこれを否定されるものと解すべきである。」と判示していることは、周知のとおりである。この最高裁判例が、違法収集証拠の排除法則の判例理論を決定しているものとして引用されているが、実際の捜査活動をする捜査官に対して、違法捜査を抑制する方向で機能しているのか、その違法捜査を助長する方向で機能しているのか、疑問に思うときがある。

　前記最高裁判例については、「画期的な意義を持つ出来事であったといえよう」と評価する学者（井上正仁『刑事訴訟における証拠排除』〔弘文堂、1985年〕544頁）もいる一方、「違法収集証拠の排除法則を取るべきでない」と厳しく批難する検察実務家もいる（白井滋夫他編『刑事訴訟法判例研究』〔東京法令出版、1983年〕386頁〔河上和雄執筆部分〕）のであって、賛否両論が厳しく対立しているが、弁護士としては、前記最高裁の判例理論が日常の捜査や公判において、いかに影響して応用されているのか、最も気にかかるところである。

　特に、覚せい剤事案における捜査においては、任意同行に名を借りた強制連行、任意提出に名を借りた証拠品の強制取得、別件捜索差押による証拠収集、過剰な捜査暴力等の存在が、多くの被疑者によって訴えられているが、そ

の証拠の証拠能力を否定される例は極めて少ない。このような実務上の経験からみると、違法収集証拠の排除法則を確定したとされる前記最高裁判例は、違法捜査を抑制する効能は少なく、むしろ違法捜査を助長する機能の方が大きいものと言うべきである。何故なら、「憲法の定める令状主義の精神を没却するような重大な違法」に該当しない「重大でない違法」は、証拠能力を左右しないからである。即ち、「重大な違法」に該当しない程度の違法は捜査上許容されることになるので、その程度の違法な捜査活動をして犯罪の証拠を収集せよ、ということになるからである。どのような違法捜査でも法の正義の観点から理念上許されないはずであるが、捜査の現場では、法の理念からかけはなれた現実になっている場合が多いと言わざるを得ない。

II 私の弁護事例

私は、約30年間における覚せい剤事案の弁護事例において、数十件の違法収集証拠の問題事例に接して、法廷等においてその問題を指摘して争っているが、証拠能力を否定された例は3件に過ぎない。また、証拠収集は違法であるが証拠能力があるとされた例は、数件である。その余の圧倒的多数は、被告人の主張する違法捜査が全く認められなかったものである。私の弁護事例のうち、特に印象に残っているのは、以下の5例である。

(1) 典型的な覚せい剤常習者における保護手続と強引な採尿手続が問題となった事例

① 覚せい剤事件で数回服役した経験のある被告人が、出所した後間もなく覚せい剤を多量に服用し、精神異常を来して家族の通報により逮捕され、否認のまま起訴されたが、公判では自白して認め、数か月後に保釈されたところ、再度覚せい剤を多量に服用して異常を来して、隣人の通報により再び逮捕された。

争点は、1回目の逮捕事件において、保護手続に藉口して強制連行していること、

　　　　弁護人選任を妨害したこと、

　　　　保護解除後に被告人を取調室に監禁して帰宅を妨害したこと

　　　　等を弁護人が主張したが、判決ではいずれも弁護人の主張を否定した。
　② 本件では採尿における違法収集証拠の争点もあったが、苦労して得た保釈中に、再度、覚せい剤の使用に及んだという、刑事弁護の空しさと困難さを知らしめる事例である。

　　　判決において、保護手続による収容者には、憲法34条の弁護人依頼権の保障は及ばないとしているが、この解釈論は批判の余地がある。
(2) 覚せい剤の刑の執行猶予の判決後、3か月後位に再度覚せい剤使用をして逮捕起訴されたが、尿の違法収集を争い再度の刑の執行猶予の判決を受けた例
　① 本件は、刑の執行猶予中に覚せい剤使用をして起訴されたので、実刑の可能性が高い事案であったが、約2年間にわたり尿の違法収集手続を争った。
　② 弁護人の主張は、ガサ中に被告人が自宅から逃走したところ、令状もなく、追跡して拘束して連れ戻したこと、令状もなく警察署に連行して取調室に監禁して排尿させたこと等にあったが、判決では全てその主張が否定された。しかし、再度の刑の執行猶予の判決のため、控訴せずに確定した。
(3) 男女2名が同時に連行された例において、違法収集証拠の主張が男性について認められ、女性について否定された事例
　① 本件は、男女のペアが覚せい剤の密売所に赴いたところ、張り込み中の捜査官に発見されて、強引に警察署に連行され、男女別々に取調室に監禁され、やむなく排尿して尿を提出している。判決では、女性の鑑定書で有罪とされた。
　② 男性につき、捜査官は被告人をいきなりつかまえて所持品を取り上げたり、腕を調べていること、所内において排尿するまで帰さないと取調室に閉じ込めてお茶を飲ませて排尿させていること等から、その手続は

違法であるとして、その尿の鑑定書の証拠調請求を却下した。
　③　女性の尿については、男性の場合のような違法な手続はないとして鑑定書を採用した。

(4)　捜査官が暴力的に被疑者を署に連行したうえ署内の取調室に閉じ込めて被疑者に暴力を加えて排尿せしめた尿の証拠能力を否定した事例
　①　本件は乗用車を運転中の被疑者を一時停止義務違反で検挙したところ、覚せい剤事案で内偵中の被疑者であることが判明し、本署に応援を求めて捜査員が到来し、強引に被疑者の乗用車運転を妨害して下車させ、捜査用車両に被疑者を乗せて署に連行した。
　　　そして、署の取調室に被疑者を閉じ込めて、数名の捜査官が排尿しない被疑者に暴行を加えて脅迫して排尿せしめている。
　②　決定では弁護人の主張を概ね認めて、尿の鑑定書の証拠能力を否定した。但し、判決は有罪。

(5)　起訴前において違法手続を検察官に上申したところ、被疑者が不起訴処分にされた事例
　①　本件は、勾留後間もなく弁護人を依頼されて接見したところ、被疑者より路上を歩行中に令状もなく捜査官により捜査用車両に閉じ込められ乗車させられて、署に連行されたと弁護人に訴えたので、そのことを検察官に上申した。
　②　検察官は、被疑者の連行状況や排尿提出の状況を被疑者より事情聴取して、勾留満期に起訴することなく釈放した。その後、被疑者を不起訴処分にしている。

III　違法捜査の限界を走る覚せい剤事件捜査

違法収集証拠をめぐる判例の多くは、覚せい剤事件である。このことは覚せい剤事件の捜査の困難性を示すものかもしれないが、弁護人から見ると、むしろ覚せい剤事件に対しては安易に違法捜査が実施されているように見られるのである。これは覚せい剤常用者には、虚言を弄して逃避する者が多いこと、

人権感覚に乏しいものが多いこと、意思の弱いものが多いこと等の事情により、違法捜査にさらされる機会が多いということではなかろうか。一方捜査官の方では、覚せい剤常用者に対して少々の荒っぽい捜査をしても家族や世間から批判されることもない、と認識しているのではないか。従って、裁判所においては、違法捜査を受けた被告人ではあっても、無罪とするよりも有罪とするために証拠の証拠能力を否定することを極力回避して、仮に違法に収集した証拠であったとしても、有罪の証拠として採用したいということになろう。このようにして、覚せい剤事件の捜査は、適法と違法の限界線で、時には保護手続に名を借りたりして激しく展開されることになる。

　私の前記5件の弁護事例においても、そのような事例が見られる。従って、覚せい剤事件は、弁護人の苦渋に充ちた弁護活動の力量が問われる場合が多いのである。

第17章 被告人の勾留場所変更請求権について

I 問題の所在

1 いわゆる身柄拘束事件の法的処理は、逮捕、勾留、起訴と経由し、起訴後直ちに保釈が許可されない被告人は、その後も引き続き勾留が継続し、その勾留場所も代用刑事施設（旧代用監獄）である場合が多い。

そして、被告人は起訴後も代用刑事施設においてどうしているかというと、余罪の取調べ、他人に関する犯罪情報提供、虚偽自白の場合はその自白維持の懐柔のための便宜供与等がなされていることがある。真実の余罪処理のためならば、余罪を速やかに追起訴して併合処理した方が被告人にとっても利益になることもあるが、時には不当な取調べが継続しているときもある。

この不当な場合には、代用刑事施設より拘置所に移送された方が被告人の救済になるが、その場合の被告人の移送の法的手続はどうすればよいか。

2 起訴前の被疑者ならば、刑訴法429条1項2号による勾留場所の変更請求（勾留後数日を経て発生した事情を準抗告の理由とすることはできないとする説がある：三井誠ほか編『刑事手続 上』〔筑摩書房、1988年〕284頁〔石井吉一執筆部分〕）と、裁判官の職権による勾留場所変更処分（監獄法改廃により、監獄なる用語は法律上は消滅した。従って、従前の移監請求権なる用語は適切ではないので、これを前記条文に即して勾留場所変更請求権という）が実務上認められているが、起訴後の被告人の場合ならばどのようにすべきか。本稿はこの問題について考察したものである。求令起訴による勾留、及び

裁判所の勾留による勾留場所の指定についての準抗告又は抗告の問題は、除外する。

II 勾留場所変更請求権の有無に関する学説判例の状況

1 起訴された被告人の勾留場所に不服のある場合には、
① 刑訴法429条1項2号の準抗告ができるのか
② 準抗告によらない変更請求ができるのか
③ 裁判官（所）職権発動を促すことしかできないのか
④ いかなる救済申立てもできないのか

実務上も学説上も定説がないようであり、その法的処理は混乱したままである。私は刑訴法429条1項2号に基づき、当然に勾留場所の変更請求（準抗告の一種）ができると考えているが、これを明白に否定する説も肯定する説もないようである。注釈書等によれば、当然に肯定しているようにも見える。

2 判例によれば、積極説と消極説に分かれる。

被告人の勾留場所変更請求権を積極的に肯定するのは、旭川地裁昭60・3・1決定（判例時報1168号161頁）、京都地裁昭61・12・9決定（判例集未搭載）、大津地裁昭63・6・28決定（判例集未搭載）がある。これらは刑訴法87条を類推適用しているようである。

被告人の勾留場所変更請求権を否定するのは、仙台高裁昭48・2・21決定（刑裁月報5巻2号125頁）、東京高裁平4・7・13決定（判例時報1436号141頁）等があり、いずれもその権利につき明確な法的根拠がないことを理由としているようである。

そして、学説は両説に分かれて、どの説が優位かわからない状況である。学説等の紹介については、判例タイムズ877号（1995年）178頁以下、判例時報1529号（1995年）156頁に紹介されているので、参照されたい。

III　職権による勾留場所変更について

1　裁判官又は裁判所の職権により、従前の代用監獄より拘置所に勾留場所を変更することについては、検察官又は検察官出身者による否定説があったが、判例上は肯定説が多かったようである。

そして、この問題について、平成7年4月12日の最高裁第三小法廷の決定（判例時報1529号156頁）において、「勾留に関する処分を行う裁判官は、職権により被疑者又は被告人の勾留場所を変更する旨の移監命令を発することができるものと解すべきところ」と判示して、被疑者又は被告人について、裁判官による「職権による移監命令」を発する権限を認めた。これによって、裁判官の職権による旧法上の移監命令の発令は明らかになった。

2　しかし、まだ次のような疑問点が残る。
①　刑訴法429条1項2号の変更請求と、職権による勾留場所変更命令との関係はどうなるのか
②　職権による勾留場所変更命令の根拠法令は何か
③　被告人は刑訴法429条1項2号に基づく変更請求はできないのか
④　刑訴法429条1項2号の勾留場所の変更請求は被疑者の場合に限定されるのか
⑤　第1回公判後の職権による判断は裁判長か裁判所か
⑥　最高裁第一小法廷は、「起訴前の勾留の裁判に対する準抗告申立の利益は起訴後に失われると解するのが相当である」と判示するが（最高裁昭59・11・20判決、刑集38巻11号2986頁）、これは勾留場所の指定の裁判にも及ぶのか

以上のとおり、前記判例には多くの未解決の問題がある。

IV　私の最近の事例

前記判例のうち、未公表のものは私の得たものであるが、最近においても刑

訴法429条1項2号に依拠して以下のような請求をしているが、実体的な判断を回避された。その理由は不明である。

覚せい剤取締法違反事件
被告人　D

勾留場所変更請求書

2006年6月23日

京都地方裁判所　御中

弁護人　若松芳也

　上記被告人に対する頭書事件について、被告人は平成18年4月6日及び同年6月5日起訴されているが、勾留場所を××警察署に指定されていたところ、不服であるので、刑事訴訟法429条1項2号に基づき、後記の理由により上記勾留場所を京都拘置所に変更されたく請求します。

記

1. 旧監獄法1条3項によれば、被告人の勾留場所は拘置監が原則であって、代用監獄は例外であることが明らかであり、そのことは、本年5月24日より施行された「刑事施設ニ於ケル刑事被告人ノ収容等ニ関スル法律」2条に定める代用刑事施設にも継承されており、さらに、被告人の勾留は刑事訴訟法60条1項各号の事由ある場合のみに認められるにすぎず、従って、勾留場所の決定については取調べの便宜を考慮することは許されない。

　　　しかるに、原決定は勾留場所として代用刑事施設のある××警察署を指定しており、違法、不当である。

　　　さらに、被告人は本件各勾留事実に関して、平成18年4月6日及び同年6月5日に公訴を提起されたが、その後も依然として上記勾留場所に勾留されて取調べを受けている。被告人を公訴提起後も、その食事、入浴、差し入れ、接見などにつき裁量権を有する捜査機関の下に置いて、被告人の取調べを継続されると、虚偽の自白をもたらす虞がある。

2. よって、被告人の勾留場所は、代用刑事施設である××警察署の留置場より京都拘置所に変更されるべきである。被告人は、かつて勾留場所変更を請求したところ、京都地方裁判所は、職権発動を求めていないのに、その職権発動はしないとして無視しているが、本件請求は刑訴法429条1項2号に基づいて本件留置場所の変更請求をするものであり、誤解されないようにされたい。

裁判所の判断

平成18年（わ）第616号

被告人　D
被告事件　覚せい剤取締法違反
上記事件につき弁護人若松芳也より請求のあった勾留場所変更（平成18年6月23日付け）につき、当裁判所は職権を発動しない。
平成18年6月26日
京都地方裁判所第3刑事部

　以上のような裁判所の職権不発動の告知に対して、次のとおり上申して抗議した。

――（前略）――
(1)　当弁護人は、冤罪の温床と言われるかつての代用監獄（現在代用刑事施設）たる勾留場所に不服のある場合には、被疑者のみならず、被告人についてもその勾留場所変更の準抗告又は請求が認められるべきものであり、その根拠は勾留場所の指定も刑訴法429条1項本文の「取消又は変更を請求することができる」とする同項2号の「勾留に関する裁判」と考えるものである。
　429条1項は、勾留に関する裁判について「取消又は変更を請求することができる」と定めてあるから、勾留に関する裁判の内容の一つを形成している勾留場所の指定についても「取消又は変更」の請求ができるのである。このような明らかな条文の文理に反してまで弁護人の本件請求を認めようとしない原決定は法令の解釈適用を誤ったものである。
(2)　判例や一部の学説によると、起訴前の勾留は起訴によってその勾留の性質が変更するとか、起訴後は勾留に対する準抗告の申立の利益が失われるとか、という全く実質的な根拠のない被告人の利益を無視した理由で起訴後の勾留に関する準抗告又は抗告を認めない説もあるが（不当と思われる勾留の場合には、起訴後も勾留が継続することによってその不当性は更に拡大深刻化して行くので、起訴後は、なお一層勾留の取消又は変更を求める被告人救済の利益がさらに大きい、ということができる）、このような論理自体、全く不合理なものである。
　しかも冤罪の温床とも言われて国際的な非難の対象となっている旧代用監獄（現在代用刑事施設）における勾留は、起訴前であったとしてもできるだけ回避すべきであると主張されていることは周知のとおりであり、起訴後の勾留においては、なおさらその回避すべき被告人の利益が大きいものである。このような旧代用監獄における勾留について、起訴後における勾留場所の変更請求を認めないことは著しく正義に反する。
(3)　よって、裁判所においては、被告人の勾留場所の変更について、刑訴法429条の解釈上、いかなる法的処理が適切であるのか、判断を示されたい。

上記の文書の提出が功を奏したのか、裁判所は次のとおり判断した。

決　定

被告人　Ｄ
被告事件　覚せい剤取締法違反
　上記被告人に対する上記被告事件について、検察官の意見を聴いた上、職権により次のとおり決定する。

主　文

　被告人につき、平成18年4月6日京都簡易裁判所裁判官が発付した勾留状及び平成18年6月5日京都簡易裁判所裁判官が発付した勾留状記載の勾留場所である京都府××警察署を京都拘置所に変更する。
平成18年7月10日

京都地方裁判所第3刑事部

V　結語

1　上記の私の判例は、弁護人の請求とはすれ違ったままで判断が示されている。私は、刑訴法429条1項2号に基づいて請求すると明記しているのに、裁判所は職権を発動するとか、これをしないとか判示している。これで、裁判自体はいいのであろうか。私は、いいとは思わない。私の請求が不適法ならば、不適法却下をすればよいのであり、適法ならば相応の可否の判断をすればよい。
　日本の刑事手続きはまだまだ未開拓の分野があるので、弁護人による、より一層の研鑽努力が求められている。

2　刑訴法429条1項2号に基づく原裁判の「取消又は変更」の請求は、一般的には準抗告と呼ばれているが、これは上訴としての「抗告」のイメージと重なるところがあって、適当ではないように思われる。条文の文言通り、その請求は「〜取消請求書」、又は「〜変更請求書」とすべきであろう。「〜準抗告申立書」なる表題は誤解を招いていると思われる（司法研修所編『刑事抗告審の運用上の諸問題・増補』〔法曹会、1991年〕1頁参照）。

第18章　保釈をめぐる弁護活動

I　保釈の意義と効用

1　はじめに
　保釈の意義については、教科書等によると刑訴法上の意義しか述べられていないが、その意義と効用はもっと究明される必要がある。
　刑訴法上の保釈とは、一定の保証を条件として、勾留されている被告人の勾留の執行を停止し、その拘禁を解き釈放する制度である。保釈は被告人の制度であって、被疑者には認められていない。そして保釈には、以下のような意義効用があり、いずれも大いに強調すべきことである。

2　社会的意義
　保釈は、無罪推定の被告人を拘禁場所より解放して、通常の社会生活を享受せしめるものであるから、社会における被告人の健康で文化的な生活をする機会を与えるものである。保釈の許否は被告人の境遇を天国と地獄にわける。

3　防御活動上の意義
　被告人は公判審理にあたり種々の防御権を有するが、そのためには弁護人と自由に打合せ、有利な証拠を収集し、弁護人とともに調査研究する必要がある。保釈はそのような防御の自由を保障するものである。その反面、被告人が保釈されない場合の防御活動は極めて制限的にしか展開されえない。時には、保釈を取れない弁護人に対して被告人は信頼を失うこともある。したがって、保釈は、弁護人が被告人の信頼を得るためにも必要である。

4　刑事政策上の意義

　有罪の被告人が保釈された場合には、保釈中の生活環境を通じて悔悛・更生の意欲を啓発、増進させることができる。無実の被告人が保釈された場合には、拘禁の絶望感や拘禁による人格破壊から解放し、被告人という社会的重荷を減少させることができる。そして保釈になった被告人が社会で稼働して収入を得ることができれば、家計上も助かる。

5　その他の副次的効果

　保釈は、被告人の勾留に伴う国家財政上の負担を軽減する。被告人の勾留に伴う拘置施設における衣食住の経費、警備・看守・護送等の経費は、被告人が拘置施設から保釈で解放されることにより、ことごとく不要となり、国家財政の節約になる。
　勾留された被告人が無罪となった場合には、保釈することにより、国が勾留日数に応じて払うべき刑事補償金の支払いを免れることができる。
　国は保釈保証金を預かることにより、その運用に基づく財政上の利益を得ることができる。

II　保釈の実務

1　保釈の実情

　保釈には被告人側の請求に基づくものと、裁判所の職権に基づくものとがある。前者は刑訴法88条・89条の定めるところであり、後者は刑訴法90条・91条の定めるところである。実務上は、被告人側の保釈請求もない刑訴法90条による職権による保釈はほとんどなく、被告人又は弁護人の保釈請求に基づく保釈が圧倒的に多い。
　ところが、刑訴法89条は「保釈の請求があつたときは、次の場合を除いては、これを許さなければならない。」と規定し、いかにも権利保釈を原則とするように形式的に解釈されているが、実務においては、同条所定の「次の場合」が著しく拡大乱用されて、起訴後の保釈、特に第一回公判期日前の保釈は、限定

的な場合しか許されていないのが現状である。

即ち、実務は、保釈許可の原則と例外を完全に逆転している。この現実を前提にして、弁護人はいかにして保釈許可を獲得するのか、という厳しい状況に直面し、悪戦苦闘して打開しなければならない。

2　保釈の手続

弁護人が保釈請求して保釈許否の判断を受ける刑訴法所定の手続上の展開は、

① 裁判所に対する保釈請求書の提出
② 裁判所（裁判官）から検察官に対する求意見
③ 検察官の意見
④ 裁判所（裁判官）の判断
⑤ 保釈保証金の納付

となっている。

全ての保釈は前記手続を経由しなければならないので、まず第1に弁護人は、前記手続上のポイントを速やかに一刻も早く着手し、経由するように最大限努力しなければならない。保釈請求書は起訴後直ちに提出すべきであり、検察官の意見はできるだけ早く裁判所に回付するように働きかけたりする必要がある。

前記手続上のポイントにおいて、数時間遅れたため（例えば、保釈請求書を午前10時までに提出可能であったのに午後になってから提出した場合とか、検察官の意見回付が1日遅れた場合）保釈が翌日になったり、2日以上の連休明けになったりすることもある。

3　検察官の保釈反対意見に対する対策

検察官の意見は裁判官の保釈許否の判断に大きく影響するので、その意見を被告人に有利に書いてもらうように、検察官に対して、意見を書く前に事情を説明しておくとよいときもある。

罪証隠滅のおそれも逃亡のおそれもない自白事件については、保釈相当の

意見を書くよう検察官に要望しておく。上の如き自白事件でも検察官が保釈不相当なる反対意見を述べると、裁判官は容易に保釈を許可しようとしないからである。検察官が保釈反対意見を述べているならば、これに対しては、文書で適切に反論するとともに、弁護人の反論を疎明する証拠を提出する。

4　裁判官と保釈面談

　検察官が保釈相当意見を表明した事案ならば、弁護人と裁判官との交渉は、保釈保証金の金額を決定するためのものとなるので、電話での連絡で足りることもある。

　しかし、検察官が保釈不相当の反対意見ならば、弁護人はその保釈反対意見の不当性を論破して保釈許可を受ける必要があるので、直接裁判官と面談して、事情を説明するべきである。その際の面談の要点は、刑訴法89条各号に該当しないこと、仮に同条各号に該当したとしても、被告人が判決を受けるまでに、社会において自由に活動すべき必要があること、又は勾留の継続の必要性がないことを、裁判官に対して具体的に説明して理解を求める努力をするべきである。

　一般的に、保釈担当の裁判官は、被告人において同種前科がある場合は刑訴法89条3号に該当するとして、共犯者のいる場合や否認している場合や暴力団関係者である場合には同条4号・5号に該当するとして、不当にも形式的に保釈請求を却下する傾向が極めて強い。

　この裁判官の保釈に対する消極的姿勢の改善を求めることは容易ではないが、弁護人が誠実に説得すれば、保釈不可の先入観を排除して保釈を許可する場合もあるので、ねばり強い説得が望まれる。

　裁判官は保釈許可をする条件として、弁護人に対して公訴事実を争わないことや、書証に同意することを要求する場合もある。このような裁判官の要望が不当であることはいうまでもないが、この場合の弁護人としての対応は苦しいものがある。前記裁判官の要求は不当であるとして、これを拒否すると保釈は許可されず、要求に従って書証を同意すると確約すれば保釈が許可されるという場合であれば、保釈の許否に書証の同意の有無を関連させるべきでは

ないという正論を貫徹することは、被告人の保釈に対する渇望を思うと相当勇気がいる。〈人質裁判〉における弁護人の苦悩である。そのような時は、場合によっては、書証を同意するという条件で保釈を優先させざるを得ないこともあろうが、後顧の憂なきよう慎重な熟慮のうえ、決断すべきである。そこには、公訴事実を争う被告人の防御の自由を実質的に許さない日本の刑事裁判の歪んだ一断面がある。

5 保釈の準備事項

(1) 起訴前の準備として最も重要なことは、捜査段階の被告人の供述調書において、保釈の許可を得やすい事情を記録してもらうことである。住居や職業が安定していること、罪証隠滅のおそれがないこと、お礼参りをしないこと等について、具体的に被告人の供述調書に記載させておくと苦労せずに保釈をとれることがある。

(2) 弁護人として保釈請求のできる事案であるならば、起訴後直ちに保釈できるように、予め起訴前において準備すべきこととしては、次のような事項がある。

① 保釈金の準備
② 身柄引受書の作成
③ 保釈の必要性を訴える親族等の嘆願書、上申書、供述書、診断書等の作成
④ 被害弁償すべき場合には速やかに被害弁償をしておき、そのことを示す示談書、領収書の作成
⑤ 罪証隠滅やお礼参りをしない旨の被告人の誓約書
⑥ 捜査の問題や被疑事実に関する弁護人の意見書
⑦ 有罪判決後の再保釈請求の場合は納付済の保釈金の保管金領収証を忘れないこと

弁護人は、保釈を得たいために、真意に反して過剰に事実を認めたり、保釈担当裁判官に逆らわないように平身低頭している場合もあるが、節度を持った対応が望まれる。

6　保釈困難事案の対策

　第一回公判前に保釈が許可されない場合でも、第一回公判において、公訴事実を認めて検察官請求の証拠に全て同意すれば保釈が許可されることが多い。しかし、殺人、強盗致傷等の重大事件や否認事件においては、第一回公判後も原則として保釈は許可されないのが実務である。殺人や強盗致傷等の事件（刑訴法89条1号に該当）は、保釈を諦めている場合も多いが、刑訴法89条1号に該当しない事件の場合、特に冤罪であればなおさら、なんとかして早く保釈を取りたいと弁護人ならば誰でも強く願うものである。ところが、わが国では、公訴事実を争うことにすれば保釈が極めて困難、という冤罪者にとっては救われがたい人質裁判という実務の運用になっている。そこには、無罪推定の原則なるものは、保釈には通用していない歪んだ実態がある。

　このような保釈困難事案について、いかにして早期に保釈許可を獲得するか。これこそ最も困難かつ辛い弁護人の任務であり、時には絶望的な思いにかられることもある。このような場合の対策として次のようなことが考えられる。

(1)　執拗に保釈請求を反覆し、保釈請求却下に対して諦めずに、その都度抗告等を反覆する。

(2)　証拠調をできるだけ集中的に実施して、有罪立証を速やかに弾劾し、早期に裁判所に無罪の心証を形成させる。

(3)　時には、勾留取消、人身保護法による手続も理論上考えられる。

　訴訟が進行しても保釈が許されない保釈困難事案については、時々検察官や裁判官と雑談的に話し合ってその本音を聞き、保釈の条件を整えることも考えられるが、このような保釈に関する水面下の交渉は、保釈金の多寡のみならず書証不同意の撤回、否認の修正等の条件が付加されることがあるので、慎重な対応が望まれる。

　否認事件では、形式的に刑訴法89条4号・5号に該当するとして保釈請求が却下される場合が多いが、弁護人としては、安易な妥協はせずに、同4号・5号に該当しないことを執拗に、具体的に、詳細に主張し、疎明して、保釈請求をなし、これが却下された場合は諦めずに抗告等をして保釈許可を得るの

が本筋ではあるまいか。

III　保釈請求却下決定に対する対策

1　はじめに

　被告人の保釈請求に関して、準備万端整えて保釈請求書を提出して、精根込めて検察官や裁判官と交渉したところ、最終的に保釈を得たときの満足感は、無罪判決を得たときの喜びに匹敵するものであるが、その反面、最終的に保釈を却下されたときの敗北感、挫折感は例えようもなく、被告人及びその親族らに対する保釈却下の説明も辛く悲しいものである。保釈却下は被告人を地獄に陥落させ、保釈許可は被告人を天国に導くのである。保釈の許否は、被告人の境遇を地獄と天国に分断するといっても過言ではない。このような冷厳な現実において、弁護人は保釈却下という被告人を地獄に陥落させた裁判に対して、いかなる方策が考えられるか。その対応には、次の三つの対応が考えられるところである。
(1)　直ちに再度の保釈請求をする。
(2)　保釈却下決定に対する不服申立てをする。
(3)　次の機会までしばらく保釈を諦める。
　前記三つの対応形態は、いずれも現実的なものであり、事案の内容、弁護人の考え方、力量、熱意等により、いかなる方策を選択するかに分かれるであろう。
　以下、その功罪、注意点を説明する。

2　再度の保釈請求

　保釈請求が却下された場合に、直ちに抗告（準抗告）をすることもなく、再度すみやかに、保釈請求をした結果、保釈が許可されることもある。これは、保釈却下後、弁護人において更に保釈の必要性を補充する疎明書類を追加したり、検察官や裁判官と再度水面下の折衝をして条件整備をしたうえ、再度保釈請求をするからである。このように、保釈請求却下直後の再度の保釈請

求は、当初の保釈請求についての若干の努力不足があったために却下された場合に有効なものであるが、準抗告等の手続よりは穏やかなものとして、実施してみるべきであろう。東京地裁の昭和38年の記録によると、保釈却下に対しては、準抗告することなく、直ちに再保釈請求をした場合の方が保釈許可の確率が高かったという報告がある（熊谷弘ほか『勾留及び保釈実務の実証的研究（二・完）』司法研修所論集1968年—Ⅱ、85頁。再保釈請求した53件中33件が許可されている）。

3　保釈却下決定に対する不服申立て

(1)　第一審における保釈却下決定に対する不服申立ては、第一回公判前においては刑訴法429条の準抗告、第一回公判後においては刑訴法420条の抗告であり、高裁における保釈却下決定に対する不服申立ては刑訴法428条の異議申立てをすることになる。そして、抗告審、準抗告審等の決定に対しては、特別抗告が限定的に許されている（刑訴法433条）。

　前記保釈請求却下決定に関する抗告、準抗告、異議申立て、特別抗告等の不服申立手続は、保釈不許に対する弁護人の不満が多いわりには、意外と実行している場合が少ないようである。その原因は、不服申立てをしても、原裁判が取り消されることが極めて少ない、という不服申立てに対する極端に少ない認容率にある。保釈却下には強い不満があるが、抗告してもムダであるという弁護人の無力感に満ちた現状認識がある。これが実務なのである。

　しかし、弁護人は、当該被告人について、保釈不許に対して不満・不服がある場合には、あるいは、いかにしても保釈を得たいと願う場合には、たとえ保釈不許の原裁判の取り消される可能性が極めて少ないと予想されたとしても、精根を込めて準抗告等の不服申立てをすべきではなかろうか。保釈却下決定に直面した弁護人に対して、まず必要なのはその強い不屈の信念と闘志である。

(2)　保釈却下決定に対する不服申立ての要点を抽象的に述べるならば、却下の理由を正確に把握して、原裁判を的確に批判するとともに、保釈の必要性を事件の実態に即して具体的に詳述することである。そして、これを裏付ける

疎明書類を補充することである。

　法理論上の問題としては、被告人は無罪と推定されていること、刑訴法は保釈を原則としていること、被告人には刑訴法89条所定の各号の事由がないこと、国際人権法上も保釈は広く認められるべきこと等を力説することになる。

　また、保釈の必要性を裏付ける事情としては、被告人の保釈は社会的経済的精神的に有用であること、保釈を許可しても公判審理上の弊害がないこと、被告人の防御の自由が確保されるべきこと等の事由を具体的に詳述することになる。

(3)　保釈却下に対する不服申立ての手続をとったならば、申立書を出し放しにしておくことをせず、更に、準抗告審又は抗告審の担当裁判官との面談を求めて、口頭で説明する必要がある。そして、担当裁判官より主張や疎明の補充を示唆されたならば、その作業を続行すべきである。

　このようにして、不屈の闘志をもって保釈をうる努力をすると、原裁判が取り消されて保釈が許可されることもある。

(4)　弁護人の準抗告又は抗告が棄却されたならば、憲法違反を理由とする特別抗告の申立てが残されている。この特別抗告において、保釈が許されるということは、現実の最高裁の判例の実情を前提にすると、極めて困難なことではある。しかし、創意工夫して、特別抗告をする必要があることもあろう。弁護人は、現行の実務上、その要求を実現することが困難であったとしても、最後にとりうる手段が一つでも残っている限りは、その最後の努力を完遂すべきである。

4　次の機会まで保釈を諦める場合

(1)　起訴直後の保釈請求却下決定に対して、しばらく保釈を諦めて、準抗告をすることもなく情勢をうかがい、次に保釈許可をうる可能性のある時期は、第一回公判終了直後である。第一回公判前の保釈却下の事由が刑訴法89条4号・5号に該当する事案では、第一回公判において、公訴事実を全て認めて、検察官請求の書証を同意すれば、まず、保釈が許可される可能性が大きい。このような場合ならば、第一回公判直後に保釈の許可を得ることは、さほど苦

労はない。

(2)　第一回公判後も保釈許可を得るために苦労するのは、常習性のある被告人（刑訴法89条3号該当）や事実を争う被告人である。証拠や公訴事実について争うべき点がある場合において、その争うべき余地を残しつつ、確実に保釈の許可を得ようとするときは難渋する。

　争えば保釈不許、争わなければ保釈許可、という厳しくも矛盾に満ちた実務において、争う余地を残しつつ第一回公判直後に保釈の許可を確実にとるという方法は、極めて高度かつ巧妙な対応が必要である。公訴事実は争うが書証は同意するとか、書証の一部同意を多くするとか、検察官と事前に交渉して保釈に反対しない限界の被告人側の争い方をさぐることとか等に、相当の水面下の折衝、準備等が要請される。

　このようにして、ある程度被告人の公判における争い方を工夫して、保釈を優先的に獲得する、ということもありうる。充分に被告人の意向をくんで後日に悔いの残らないようにすることは言うまでもない。

　保釈のために安易な妥協をして、無罪の事案を有罪判決に終わらせる結果になってはならない。弁護人にとっては、保釈をめぐって最も苦渋に満ちた選択をするときである。

Ⅳ　保釈許可をめぐる問題

1　保釈許可後の手続上留意すべき点

　保釈許可になった場合に確認すべきことは保釈保証金額、制限住居、関係者との面談禁止や旅行制限等の保釈条件である。不当な保釈条件や高額な保証金等の場合はその修正変更の手続が考えられる。保証金の一部を保証書や有価証券に変更してもらうとか、旅行制限を解除してもらうとかいう場合である。

　保釈許可になったときに、最も心配なことは、保釈許可決定に対して検察官の準抗告が予想される場合である。大半の保釈許可決定は、検察官の保釈反対意見に反してなされたとしても、検察官より準抗告をされることはないので、

直ちに保釈金を納付して被告人を一刻も早く釈放することに専念してよい。

しかし保釈許可決定に対して検察官の準抗告が予想される場合には、予め検察官に対して、準抗告の意向があるかどうか確認したうえ、保釈金を納付するようにした方がよい場合もある。

2　保釈許可決定に関する検察官の準抗告に対する対策

保釈許可決定に対して検察官の準抗告が予想される場合ならば、まず第1に検察官に対してその準抗告をしないように申入れをしておくべきであろう。検察官の保釈に関する準抗告は、実務上保釈の執行停止の申立てを伴う場合が多いので、保釈金を納付しても被告人は直ちに釈放されない場合が多い。そこで弁護人は何をすべきか。その準抗告を棄却させる努力をすることである。そのためには、検察官の申立てに対して書面で反論したり、準抗告の担当裁判官に面談したりして、保釈を維持すべき事情を説明し、訴える必要がある。せっかく苦労して得た保釈を、検察官のヨコヤリで無に帰してはならない。

しかし、その努力の甲斐なく、保釈許可の原裁判が取り消された場合には、しばらく保釈を諦め、次の保釈請求の機会を待つということになる。また、検察官の準抗告が棄却された場合には、保釈金を納付しているとようやく被告人が釈放されることになる。

第4部
異常なる捜査と量刑の現状

第19章 量刑に関する事例報告と考察
——量刑は適正になされているか

I　はじめに

　最近の有罪事例における検察官の求刑および裁判所の量刑に接していると、公正になされているのか、いわゆる量刑相場を極端に逸脱していないのか、と限りなく疑問が湧く場合が多い。

　私の弁護事例において、争う被疑者に対して、検察官が話す内容として「若松弁護士が弁護している事件は他の弁護士より重く求刑することにしている。また、保釈は徹底的に反対してやる。」と聞くことがある。

　このように話す被疑者は、1998年に数人はいた。私が否認する被疑者の弁護を受任すると、検察官は私に対する敵意を露骨に表現して、被疑者にそのことをあかして私を中傷しつつ弁護人の解任を迫るという事実は、毎年の如く何人かの被疑者より聞くことであった。

　このことについて、私は複雑な心境で聞き流しているようにしてはいるが、時に放置できない事例については、特に検察官に抗議文を提出したりしていた。そして、私が弁護すれば、保釈のみならず「求刑」をも重くすると被疑者に告知する検察官の存在は、1997年ころより一部の被疑者より聞くことが多くなり、その実態はどのようなものか、知るように心がけていた。

　弁護人の活動自体を被告人の不利益な情状にすることについては、ミランダの会の弁護人について公言する検察官[1]はいるが、私の場合にも、求刑を特に重くすると取調室の中で被疑者に告知するとは、どういうことであるのか。

　また、京都地裁では裁判官によって量刑の軽重が著しく異なり、某裁判官

は検察官の求刑どおりに実刑判決をしている、という話を、他の弁護人や被告人より聞くことがある。私も某裁判官の厳刑判決やヒステリックな訴訟指揮に接して驚いたことがある。

　そこで私は、適正な量刑はいかにあるべきかを考える手がかりになるものとして、私が受任した1年間における35件の中の宣告刑を調査整理して検討することにした。その統計表は別表1のとおりである。このささやかな統計からでも、以下のような分析結果が得られるであろう。

II　統計分析

1　別表1の被告人35人のうち、刑の執行猶予を受けた者は11人、保釈を許可された者は13人、公訴事実を全部又は一部を否認した者は15人、公訴事実を自白した者は20人である。これらの割合は、刑の執行猶予率31％、保釈率38％、否認率42％、自白率57％、ということになる。否認した被告人の保釈は一人であり、否認者における保釈率は6％（15人中の1人）であり、自白した被告人の保釈率は60％（20人中12人）である。否認した被告人で刑の執行猶予を受けた者は、在宅起訴の一人のみであり、自白した被告人で刑の執行猶予を受けた者は10人であり、自白者の50％（20人中10人）であり、刑の執行猶予者の90％は自白した者である。

　以上の統計から次のような結論が導かれる。
　①　公訴事実を否認する被告人は保釈を許可されることは殆どなく、刑の執行猶予の判決を受けることも極めて少ない。
　②　自白した被告人は、保釈の許可を受ける可能性が大きく、刑の執行猶予の可能性も高い。

　上記のような結論は、実務的な認識と概ね一致する。しかし、保釈や刑の執行猶予は、犯罪の軽重、同種前科の有無、累犯前科の有無等によって、大きく左右されるところである。

2　裁判官別に刑の執行猶予率を整理すると、次のとおりである。

別表1　量刑一覧表　　　　　　　　　　　　　　　　　　　　　　　（H10.4.22〜H11.3.10）

	判決日	被告人名	裁判所	裁判官名	起訴日	保釈	求刑	宣告刑（求刑に対する割合%）	未決勾留日数（割合%）	刑の執行猶予	自白の有無	罪名、その他
1	10/4/22	O・H	大津	A	09/8/27	なし	1年	8月 (66)	180日 (75)	なし	一部否認	傷害。刑の執行猶予中にして、示談不成立。
2	10/4/30	K・T	京都	B	09/3/28	なし	3年	1年10月 (61)	220日 (55)	なし	否認	覚せい剤の使用と1.35g所持。
3	10/5/20	H・T	大津	A	10/2/13	10.2.25許可	1年10月	1年6月 (81)	なし (0)	3年間	自白	覚せい剤使用、暴行、傷害。
4	10/6/18	T・M	大津	C	10/3/5	10.4.20許可	1年6月	1年 (66)	20日 (43)	3年間	自白	覚せい剤使用、前科なし。
5	10/6/29	T・H	京都	D	10/3/6	10.3.10許可	1年6月	1年6月 (100)	なし (0)	3年間	自白	窃盗、ひったくり。前科なし。示談あり。
6	10/6/23	K・M	京都	H	09/7/24	なし	5年	4年 (80)	160日 (48)	なし	否認	万引きの常習者、中年女性。
7	10/6/23	S・A	京都	H	09/7/24	なし	5年	4年 (80)	160日 (48)	なし	否認	同上。6、7は共犯。中年女性。
8	10/6/29	N・M	京都	I G K	09/8/8	なし	6年 罰金100万	4年6月 (75) 罰金60万	240日 (73)	なし	否認	覚せい剤42g所持、使用等。
9	10/7/16	S・A	京都	B	09/9/3	なし	3年	2年6月 (83)	なし	なし	否認	覚せい剤使用、前科あり、受刑被告人。
10	10/9/16	M・T	京都	G	10/4/10	なし	2年	1年4月 (66)	80日 (50)	なし	自白	刑の執行猶予中の覚せい剤使用。
11	10/9/21	S・K	京都	I	10/6/12	10.6.15許可	2年 罰金200万	2年 (100) 罰金120万	なし (0)	3年間	自白	競馬法違反、前科なし。
12	10/9/29	H・K	京都	H	10/2/13	なし	2年6月	2年 (85)	140日 (76)	なし	自白	覚せい剤使用、同種前科あり。
13	10/10/27	R・N	京都	H	10/6/17	なし	3年	2年6月 (83)	70日 (53)	なし	否認	覚せい剤・大麻の所持、覚せい剤使用。
14	10/11/5	M・R	京都	M	10/8/19	10.9.25許可	2年6月	2年6月 (100)	なし (0)	5年間	自白	100万の恐喝、被害弁償あり。
15	10/11/26	O・J	京都	M	09/11/20	なし	2年6月	2年6月 (100)	180日 (48)	なし	否認	覚せい剤使用。累犯前科。
16	10/12/2	M・S	京都	I	10/8/21	なし	3年	1年8月 (55)	70日 (67)	なし	否認	覚せい剤原料使用、前科あり。
17	10/12/3	K・S	大津	C	09/11/21	9.12.22許可	3年	1年10月 (61)	60日 (58)	なし	自白	窃盗で保釈中に覚せい剤使用。保釈取消。
18	10/12/3	B・M	京都	B	09/3/19	なし	2年	1年6月 (75)	300日 (48)	なし	自白？	恐喝未遂、窃盗、詐欺、文書偽造等、刑の執行猶予中の犯行。

	判決日	被告人名	裁判所	裁判官名	起訴日	保釈	求刑	宣告刑(求刑に対する割合%)	未決勾留の算入日数(割合%)	刑の執行猶予	自白の有無	罪名、その他
19	10/12/3	I・K	京都	B	09/3/19	なし	2年6月	1年8月(66)	300日(48)	なし	否認	同上。
20	10/12/11	H・K	大津	A	10/11/10	なし	1年6月	1年(66)	20日(64)	3年間	自白	覚せい剤使用。前科なし。20代の女。
21	10/12/11	K・M	京都	D	10/11/9	なし	1年6月	1年6月(100)	30日(93)	3年間	自白	同上。
22	10/12/16	H・T	大津	A	10/9/11	なし	1年6月	10月(55)	80日(83)	なし	自白	刑の執行猶予中に、傷害、器物損壊。3と同一人。
23	10/12/11	S・J	京都	H	09/7/17	なし	4年	3年6月(87)	180日(35)	なし	否認	覚せい剤1.4gの所持。前科あり。
24	10/12/17	K・I	京都	M	10/1/14	10.3.3 許可	4年	4年(100)	なし(0)	なし	自白	950万円の恐喝、傷害。弁償なし。保釈逃走。
25	10/12/25	R・S	大津	A	05/10/7	5.12.15 許可	5年	2年6月(50)	60日(35)	なし	自白	約800万の恐喝、弁償済。保釈逃走。
26	11/1/19	I・K	京都	D H J	10/8/19	10.12.22 許可	3年6月	2年4月(66)	120日(77)	なし	自白	けん銃と実包の所持。保釈金未納。
27	11/2/9	K・S	京都	H	10/12/2	10.12.22 許可	1年6月	1年6月(100)	なし(0)	5年間	自白	窃盗。同種前科3回あり。
28	11/2/18	T・K	京都	M	10/10/15	なし	8月	6月(75)	30日(23)	なし	自白	傷害。同種前科あり。
29	11/2/18	U・Y	京都	M	09/4/11	なし	6年	5年6月(91)	340日(50)	なし	否認	覚せい剤の所持、使用、監禁致傷、窃盗。
30	11/2/25	H・T	京都	I G K	10/9/24	なし	5年 罰金30万	3年(60) 罰金30万	100日(64)	なし	一部否認	覚せい剤6.2gの所持、使用。
31	11/3/3	F・Y	大津	A	10/11/9	なし	3年6月	2年(57)	なし(0)	なし	自白	詐欺、覚せい剤使用。受刑被告人。
32	11/3/2	K・Y	京都	H	09/5/2	9.6.25 許可	4年	3年(75)	なし(0)	5年間	自白	重大な傷害。
33	10/6/30	K・K	京都	H	09/5/2	9.6.25 許可	1年6月	1年6月(100)	なし(0)	3年間	自白	同上。
34	11/1/26	O・Y	大津	A C E	03/9/3	6.11.18 許可	3年6月 罰金25,000万	2年8月(76) 罰金20,000万	470日(33)	なし	一部否認	所得税法違反。受刑被告人。
35	11/1/26	O・Y	大津	同上	03/9/3	在宅	1年6月	1年(66)	なし	3年間	同上	所得税法違反、34の妻。

第19章　量刑に関する事例報告と考察

別表2　量刑比較表

裁判官	求刑に対する宣告刑の割合（平均） 実刑の場合(%)	刑の執行猶予の場合(%)	未決勾留日数の本刑への算入の割合（平均） 実刑の場合(%)	刑の執行猶予の場合(%)
A	57	74	64	32
B	71.25		50.3	
C	61	66	58	43
D		100		46.5
H	83	90	52	0
G	66		50	
I	55	100	67	0
M	91.5	100	30.25	0
合議I、G、K	67.5		68.5	
合議D、H、G	66		77	
合議A、C、E	76	66	33	

　　A裁判官　33％（6人中2人）　　B裁判官　0％（4人とも実刑）
　　C裁判官　50％（2人中1人）　　D裁判官　100％（2人中2人）
　　H裁判官　37％（8人中3人）　　G裁判官　0％（1人実刑）
　　I裁判官　50％（2人中1人）　　M裁判官　20％（5人中1人）

　上記裁判官別の刑の執行猶予率は、当該裁判官における事例数が少なく、かつ、累犯前科や犯情等との関係もあるので、有意差を認めることは困難である。

3　裁判官別に求刑に対する宣告刑の刑期の割合を示すと別表2のとおりである。

　別表2によると、検察官の求刑に対して実刑を宣告するときの、求刑に対する宣告刑の割合は、全体平均値が77.3％であり、実刑者のそれは平均値が73％であるところ、実刑者の平均値において、Iは55％、Aは57％、Cは61％、Mは91.5％、Hは83％である。実刑者について、IとMの差は36％、AとMの差は34％の差がある。刑の執行猶予の場合における宣告刑は、Aは求刑の74％、D、I、Mは100％で求刑どおりとなっている。実刑における未決勾留日数の本件への算入割合（起訴直後に保釈許可された場合や公判中に受刑している場合は除外）は、Aは64％、Bは50％、Mは30％である。

上記の数値より次のような結論が導かれよう。
① 実刑の場合には、求刑より3割近く減軽された宣告刑が多く、求刑に対する宣告刑の割合の平均値は、求刑の約73％である。
② 刑の執行猶予の場合には、求刑より宣告刑が減軽される割合は少なく、その平均値は求刑の86.7％であり、求刑と同一の量刑の場合も少なくない。
③ Aの宣告刑は、実刑の場合には求刑より43％の減軽、刑の執行猶予の場合には求刑より26％の減軽であり、かつ、未決勾留日数の本刑への算入も多く、その実質的な減軽率は、他の裁判官より格段に大きく、最も寛刑を宣告している。
④ Mの宣告刑は、実刑の場合でも求刑より9％位しか減軽せず、刑の執行猶予の場合は求刑どおりとなっている。そして、未決勾留日数の本刑への算入も極めて少ない。最も厳刑、重罰化の傾向が顕著である。

①と②の結論は実務上の認識と概ね一致するものである。注目すべきは、裁判官によるバラツキが目立つことである。

③と④の格差は異常というべきか、その刑の軽重の差に驚く。被告人にとっては、A又はMとのめぐり合わせで、客観的な法の口であるべき裁判官によって、極楽と地獄に分かれることになる[2]。

特に、その宣告刑の差は保釈後逃走して保釈を取り消された犯情悪質と思われる被告人の場合において際立っている。Aは求刑懲役5年に対して懲役2年6月を宣告し（別表1の25）、Mは求刑懲役4年に対して懲役4年を宣告し（別表1の24）、前者は求刑の2分の1、後者は求刑どおりということになる。

このような裁判官による量刑の鮮明なる格差は、いかなる原因に由来するものというべきか。仮に事件固有の犯情による個別差ならば、求刑自体に問題があるということになろうが、私には裁判官における被告人という罪を犯した人間に対する見方、刑罰の機能に対する見方等に根本的な差異があるように見受けられる。犯罪における人間観と刑罰観の基盤が異なっているのではないかと思う。

実刑か執行猶予かの判断については、裁判官による個人差が大きいとも言

われている・3が、上記AとMの差はそのような個人差ではなく、刑罰の一般予防的機能を強調する検察官・4と同一の見解に立つか否かという刑事裁判の存在基盤にかかわる問題であろう。

III 異常な量刑例と量刑論の現実

1 　判決の量刑は、科学的なものでなく裁判官の直観ないし勘によっている・5とか、求刑2割引・6とか、言われている。しかし、いわゆる量刑の相場なるものがあるようである。

諸家の論説を通読すると、その量刑相場なるものは、第1に検察官が求刑意見においてその指標を示し、多くの裁判官はその求刑の8割前後をもって宣告しているのが実情のようであり、弁護人の情状論はその相場に対する影響は少ないと要約できるようである。量刑の相場を決めるべき裁判官は、検察官という裏の相場師に操られているというのが実情であろう。

ところで、私の弁護事例において、かかる量刑相場から見ても異常な量刑（法的に見ると刑訴法381条所定の「刑の量定が不当であること」より、同法411条2号所定の「刑の量定が甚しく不当であること」に該当）に接したのでここに紹介したい。

その1、被告人ABCは、起訴前より私を弁護人に選任して、恐喝未遂、詐欺、窃盗、私文書偽造等で起訴されたが、いずれも公判ではその犯意を争っていたところ、Aは公判の途中で私を解任して、他の弁護人を選任した上、自白に転じて書証を同意して保釈を受けてBCより分離され、早々に判決を受け、BCは犯意否認のまま保釈もなく、Aより約6カ月後れて判決を受けた。

ABCはいずれも刑の執行猶予中であったので実刑は免れないところであり、犯行加担内容において若干の相違があるものの、概ね平等に近く、検察官はAを主謀者としていたが、私には犯情においてABCとも大差がないと思われた。被告人から聞くところによると、検事は3年を求刑すると言われた、ということであった。判決はどうなったか。

私を解任して公訴事実を認めて早く判決を受けたAは求刑1年6月にして

宣告刑は1年の実刑であり、Bは求刑2年6月にして宣告刑は1年8月、Cは求刑2年にして宣告刑1年6月で、各々実刑であった。

　私としては、検察官が主謀者というAよりも、BCの量刑は重くなることはないだろうと確信していたので、BCの判決内容には大変驚いた。BCは「若松弁護士が弁護をすると求刑を重くする」と検察官から言われたと私に訴えていたので、全くそのように求刑と判決が実現したことに、かなりショックを受けたようである。

　Aに対する求刑1年6月と宣告刑1年なる量刑は、その罪名からして極端に軽いように思われるが、それは公訴事実を最後まで争う私とBCに対する政略的量刑であったとしか思われないのである。これが邪推であれば幸いである。Bは、別表1の19の、Cは、同表の18の被告人である。

　その2、被告人は、累犯前科があるものの覚せい剤の前科はなく、今回の起訴は覚せい剤の自己使用1回のみであり、初犯であれば執行猶予、累犯前科との関係で実刑になったとしても懲役1年ないし1年6月位が量刑相場*7ということであろうと思われた。

　被告人は覚せい剤の使用を否認し、かつ、強制採尿にあたり捜査官から暴行されたと訴えて尿の証拠能力を争ったところ、求刑は2年6月となり宣告刑も2年6月と同一であった。

　被告人は「踏んだり蹴ったりだ」と嘆いていたが、この判決は、被告人は不合理な弁解をして不当に争っていると決めつけた検察官の論告にM裁判官が迎合したものと言わざるを得ない。その論告や判決には、事実を争う被告人や弁護人は許しがたい、という思いが込められているようであった。この被告人は、別表1の15の被告人である。

2　一般的に公訴事実を争う被告人に対しては、反省の情がないとして量刑上不利に扱う場合が多い。そして、公訴事実を自白して反省している旨述べる被告人に対しては、量刑上も有利に扱うのも実務上の通例である。この点は、特に論告における「否認しているので反省が見られない」旨の論述によく表現されている。

第19章　量刑に関する事例報告と考察

別表1において、否認して事実を争った被告人のうち、意外と寛刑だったのは同表の2と16であり、否認して争った故に刑を加重されたと思われるのは、同表の6、7、15、18、19、23の被告人である。
　否認又は黙秘して争うこと自体を非難することは憲法の保障する被告人の黙秘権又は防御権の侵害又は抑制になると思われるが、その正論が刑事公判においては通用していない。その典型例が前記の、その1とその2の例であり、どこか狂っている裁判のように思われる。
　反省の態度の有無によって量刑を左右することは、心ある裁判官によって次のとおり指摘されている[8]。
　即ち、自白して反省していると述べた被告人も判決後再犯に至る者が多く、否認する被告人にも判決後再犯に至らない者が居ることを体験的に指摘して、「こうしてみると、反省態度や再犯のおそれの大小により量刑を左右することは、法廷ではわかりにくい内心の状況やきわめて不確実な将来予測を前提とする、という意味で危険といわざるをえない」
というのである。
　私も、上記裁判官の言うとおりである、と思っている。正確なデータはないが、私の弁護事例においては、むしろ否認して争った被告人の方が無罪有罪のいずれでも再犯を犯す割合は少ないように思われる。
　日本においては、量刑についての総合的な科学的研究報告[9]はないと言われている。業務上過失傷害や殺人等に関する部分的な量刑研究[10]は存するが、いずれも過去における事例の調査研究ばかりであり、将来における被告人の更生や再犯防止との関係でいかなる量刑が適切なのか、調査研究した量刑の研究書はないようである。それにもかかわらず、反省していないので厳罰にせよとか、再犯のおそれがあるので刑を重くせよ等と、およそ実証的な根拠もなく短絡的に論断しているのである。それらの量刑論は、刑罰の一般予防論にこだわったセンチメンタルな量刑論に終わっている。量刑のあり方に関する科学的な実証的研究は困難かも知れないが、量刑は全て裁判官の恣意に任されてよい問題ではない。

［注］

*1 田邊信好（検事正）「ミランダの会と検察」岡山弁護士会刑事弁護センター編・刑弁センターニュース第13号（1995年）1頁。

*2 熊谷弘「刑事裁判の量刑」自由と正義29巻（昭和53年6月号）31頁・地獄部と極楽部があることを指摘している。

*3 原田國男「控訴審の量刑審査の現状と実務上の諸問題（上）」判例時報1662号（1999年）33頁。

*4 臼井滋夫「論告・求刑」熊谷弘ほか編『公判法大系Ⅲ』第3編公判・裁判(2)（日本評論社、1975年）84頁。求刑においては刑罰の一般予防的機能が重視されるとしている。

*5 浦辺衛「量刑の理論と実際」自由と正義29巻23頁。裁判官は伝統的な量刑の相場と自己の経験に基づき、自己の直観ないし勘によって量刑するのが実情であると述べている。

*6 松本時夫「量刑の手続」前掲注4・『公判法大系Ⅲ』第3編公判・裁判(2)39頁。

*7 前掲注3原田論文33頁。

*8 安原浩「情状弁護のあり方について」季刊刑事弁護8号（1996年）26頁。

*9 大野平吉「刑の量定手続序説」朝倉京一ほか編『刑事法学の現代的展開──八木国之先生古稀祝賀論文集　上巻』（法学書院、1992年）536頁。

*10 昭和53年までの量刑の実証的研究報告書の主な目録は、小田健司「裁判所からみた情状と量刑」自由と正義29巻6号（1978年）36頁に掲記されている。

第20章 オウム真理教をめぐる捜査の問題点について

I はじめに

　オウム真理教をめぐる捜査の実態について詳細に記録したレポートはないが、新聞、テレビ、雑誌等で報道されている内容によると、不当又は違法な別件逮捕と別件捜索が実施されていると疑わざるを得ない事実が見受けられる。それは、地下鉄サリン事件はオウム真理教の信者による犯行であることを前提にして、そのサリン犯人を捜すためならば少々の違法不当な捜索、逮捕も已むを得ないと、捜査機関も国民も納得している如くである。
　オウム真理教の信者や施設であれば凶悪重大事件が背後に疑われるので、一般国民では逮捕されることのない軽犯罪法違反、道交法違反、免状等不実記載等の軽微事犯で逮捕又は捜索してもよいのか。民主的な強制捜査はいかにあるべきか。このような問題意識はいかにあるべきか。オウム真理教の信者に対する逮捕、捜索はいわゆる魔女狩り的になされていないか。とりあえず問題点を整理して、読者の参考に供したい。

II 新聞に報道された問題と思われる事例

　最近の新聞から目についたもののうち、問題性が疑われると思われる例を摘示すると次のような例がある。以下の例は全て新聞報道に基づくものであり、その詳細な法的手続は不明である。
(1) 車検切れの車を運転していたとしてその運転手を道路運送車両法違反で

逮捕
(2)　同上の事件に関して、車の所有者の大学生を車検切れの車を運転させたとして逮捕
(3)　道路でパンフレットを配った信者について道交法違反で自宅を捜索
(4)　ホテルで偽名を使用して宿泊した石川公一を有印私文書偽造で逮捕、その後逮捕監禁で再逮捕して、5月20日に釈放
(5)　4月13日ドライバーを所持していた女性信者を軽犯罪法違反で逮捕、そして多数の写真を押収
(6)　青山弁護士に対する名誉毀損で1995年5月3日に逮捕
(7)　ナイフを所持していた者を軽犯罪法違反で現行犯逮捕
(8)　5月9日、井田秋夫を会社の退職後も制服等を返していないとして横領容疑で逮捕
(9)　仮谷氏拉致事件でオウム真理教施設において多量の化学薬品を押収

Ⅲ　違法性を疑われる強制捜査に関する報道

1　マスコミによると、オウム捜査のあり方について、次のような発言等がみられる。
　(1)　逮捕の必要性のない軽微事案でオウム真理教の信者を逮捕したり、所持品や家宅を強制捜索したりしていることに関して、殆どのマスコミは沈黙しているようである。1995年4月30日付京都新聞朝刊によると、微罪事件での逮捕に疑問を提起して、「異様さの前に容認？　弁護士会など沈黙」という見出しで、警察の職権乱用に敏感に反応する人権擁護団体や弁護士会もオウム事件では沈黙していると報じている。
　(2)　村山富市首相は、4月20日の衆議院予算委員会において、「際どい別件逮捕であらゆる角度から真相に迫って行く」と発言したところ、これを「言い間違いだった」と訂正しているが、本音は「言い間違い」ではなかったのではないか、と思われるところである。
　(3)　4月12日、全国都道府県警察担当者会において、野中広務自治相は、

「国民生活を恐怖のどん底に陥れているヤツラは許すことはできない。責任はオレがとるから徹底的にやれ。とにかく理屈のつくヤツは、どんな微罪でもいいから逮捕しろ」とゲキを飛ばしたので、現場の士気が揚がったと言う（週刊現代1995年5月31日号）。

(4) 犯人がサリンをまく可能性があり、多くの国民の生命が危ないときには、微罪での逮捕も可。小さな人権に拘泥して、国民全体の基本的人権を考えないのは、木を見て森を見ない議論（河上和雄弁護士）。

(5) 暴力団、テロリスト等の組織犯罪は、外部の小さな兆候をとらえないと、中で何が行われているのか分からない。オウム真理教がテロリスト集団であることははっきりしており、それを解明するために今の捜査は適正だ（渥美東洋教授）。

(6) オウム事件に許したことを他の事件に適用しないとは限らない。将来誰が被害を受けるかも知れないという理由で、訴訟法を拡大解釈することは危険だ（後藤昭教授）。

(7) 憎むべきサリン事件のために、多少強引な捜査でもという風潮は恐い。公権力の行使が恣意的になったら、もっとも大きな犯罪になる（藍谷邦雄弁護士）。

(8) 警察権力による今回のやり口は、むしろ強権を濫用して片っ端から検挙する、東京地検の検事すら嘆かせたという警察国家そのものではないか（噂の真相1995年6月号）。

(9) （微罪での逮捕は）実にこそくでクレージー、哀れで見苦しいやり方ではないか（1995年5月13日付京都新聞の投稿欄）。

(10) 捜査批判をすると、上祐史浩氏に利用されるのでかかわりたくないのが本音（某法律学者）。

2 以上のマスコミの論調を要約すると、捜査批判派、捜査擁護派、意識的な沈黙派に分けられる。通常の国民ならば逮捕又は捜索されないような事件でも、オウム真理教信者ならば徹底的に逮捕されると共にその施設や所持品の捜索を受けることについて、

(1) 悪質重大なテロ犯罪にして、多くの国民の生命が危険にさらされているのでやむを得ないという考え方
(2) 上記のような重大犯罪だとしても、微罪で逮捕することは人権上危険であり、警察国家を招来するおそれがある、という考え方

の二つの考え方があり、これがマスコミの論調のようである。いずれも厳密な法律論ではないが、これらの問題を法律的に検討するとすれば、いわゆる適正手続の理論的限界をどのように構築するかが、結論の別れるところとなろう。

IV 問題点

1　オウム真理教の信者や財産に対する強制捜査において、その本来の大きな目的は、サリン事件や仮谷氏拉致事件の真犯人を検挙することにあるものと推測されるが、この本来の重大事件ともいうべき「本件」事件に関する犯人の検挙はできずに、その捜査過程で発覚した「別件」とも言うべき軽微事件で、信者を次々と逮捕したり、所持品等を捜索していることは問題ではないか。しかも、一般国民では逮捕されないような軽犯罪や免状不実記載等で逮捕又は、捜索する必要性に関する法律上の要件は具体的にはどこにあるのか、という疑問がある。被逮捕者において具体的な逃亡のおそれや罪証隠滅のおそれ等があったのか、また、捜索差押は憲法35条の趣旨に従って実施されているのか、という問題である。

そこで、以上の事実から問題点を整理すると次のとおりとなる。

(1) サリン等に関するオウム真理教の情報収集を目的として軽微な法律違反でも多くの信者を逮捕していないか
(2) 違法な別件逮捕や別件捜索差押がなされているのではないか
(3) 法律上の逮捕の要件と必要性を充足した者を逮捕しているのか
(4) 捜索差押が適法に実施されているか
(5) 裁判官による令状発付は適法になされているか
(6) 青山弁護士の逮捕は弁護活動に対する不当な介入ではないか
(7) 捜査批判はいかにあるべきか

(8) 盗聴、おとり捜査に関する新規立法の是非

2 以上の諸問題に対する法的評価の指針となるものは、第1に憲法の人権保障に関する規定であり、第2に捜査権力のあり方に関する理論である。警察捜査のやり方を高く評価して擁護する著名な刑訴法学者の論説も公表されているが（判例タイムズ874号〔1995年〕）、われわれは「日本の警察は市民の家庭において、果てしない捜査及び押収を行ったことで悪名が高い。従って、不当な捜索及び押収を禁止する規定が設けられなければならない」（1946年1月11日付民政局行政部法規課長マイロ・E・ラウエル陸軍中佐の覚書。憲法的刑事手続研究会編『憲法的刑事手続』〔日本評論社、1997年〕113頁参照）」ということから憲法35条が制定されたことを回顧して、国際人権法も視野に入れつつ、憲法的な原点にもどって、冷静に分析検討する必要があろう。

日弁連も、別件逮捕・勾留については、「いうまでもなく別件逮捕・勾留は、本件について十分な証拠がないからこそ行われ、また別件については本来逮捕・勾留の理由や必要性が認められない事案も多数存在するのであり、国際人権（自由権）規約9条1項に定める『何人も、恣意的に逮捕され又は抑留されない。何人も、法律で定める理由及び手続によらない限り、その自由を奪われない』との規定に抵触する。」と述べているところである（日本弁護士連合会編著『問われる日本の人権――国際人権〈自由権〉規約の日本における実施状況に関する日本弁護士連合会の報告 日弁連カウンターレポート』〔こうち書房、1993年〕68頁）。

人権尊重を旨とする民主国家においては、警察権力が最も濫用されるおそれのある重大事件においてこそ、憲法31条ないし40条の保障する人身の自由が確保される必要性があることを、改めてここに確認する必要があるのではないか、と思う。

短評：オウム事件における警察捜査の消極性と積極性

1 オウム事件における犯罪捜査の展開を報道内容から見るかぎり、日本の警察の特徴的な実態をもっともよく実現しているいくつかの現象が見られる。

第1は、坂本弁護士一家抹殺事件（以下、坂本事件と称する）における初動捜査の消極性であり、第2は、松本サリン事件における河野義行氏宅に対する誤認捜索差押であり、第3は、仮谷氏拉致事件や地下鉄サリン事件後の捜査の積極性である。これらの諸点は、日本の警察の問題性として指摘されている「警察の政治化」「自白中心の捜査」「科学的合理的な捜査の欠如」などということを見事に実証したものと言うことができよう。

坂本事件は、家族3人全員が突然抹殺されたという大事件であるにもかかわらず、警察は徹底した坂本宅の現場検証や周辺捜査をせず「失踪事件」として取り扱っていたこと、松本サリン事件は第一通報者を犯人と疑って捜査を暴走させ、現場周辺に対する科学的捜査をしなかったこと、仮谷氏拉致事件や地下鉄サリン事件後においてはオウム真理教信者に対する徹底した軽微事件での逮捕を実行したことなどは、オウム真理教事件をめぐる警察捜査の歴史的な重要事実として指摘できるであろう。

上記のような警察捜査の概略を見て、私は日本の警察の優秀さと無能さをもっとも対照的に暴露したのがオウム事件と警察の関係であったと見ている。坂本事件における警察の捜査能力を充分に発揮しなかった無能さ、松本サリン事件において誤認捜索した短絡性、仮谷氏拉致・地下鉄サリン事件後の過剰果敢な捜索と各種犯人逮捕の権力の優秀性などは、きわめて対照的な対応であるが故に、その実態の真相は深く究明される必要があろう。

2 坂本事件やサリン事件などがすべてオウム真理教信者の幹部の組織的犯行であると仮定した場合に、報道されているような多くの軽微事件にもとづく逮捕手続きは問題ないのか、が論じられている。この問題の法律上の解明は、被逮捕者において逮捕の要件と必要性があったかどうかである。

その具体的な逮捕手続きの詳細は明らかにされていないので、その適法性は判断できない。しかし、一般的に言うならば、普通の国民ならば逮捕されないような事件でも、オウ

ム真理教信者であるが故に逮捕されている例があるとするならば、大いに問題であろう。

　もともと、処罰されないような事件でも、オウム真理教信者が犯した場合には逮捕されているということならば、このような逮捕は、違法な別件逮捕の可能性が大きく、他の重大犯罪に関する情報をうる目的で身柄拘束をしているものと予想される。このように通常ならば違法な別件逮捕と評価される場合であっても、極悪非道の組織犯罪を敢行したオウム真理教関係者に実施する場合は許容されうる、という見解もあるようである。このような見解は、憲法上許されないものと思われる。なぜなら、国家的に重大な利益を守るという名目で国民の人権を徹底的に弾圧した戦前の警察国家のような捜査活動を抑制するために、日本国憲法31条ないし40条の人身の自由が定められたことを思うと、むしろ、重大事件においてこそ適正手続きが確実に履行されるべきであるからである。

　しかし、オウム事件において犯罪捜査に従事した捜査官たちは、極悪非道の重大事件が背後にあるので若干問題のある軽微事件でも、例外的にその信者をあえて逮捕したという認識ではなく、日常的な犯罪捜査の手法として実行している軽微事件での逮捕をなんの疑念もなく実施したものと思われる。なぜなら、オウム事件でマスコミが批判している軽微逮捕なるものは、暴力団、過激派、警察反抗者などの事件の捜査において日常的に実施されている手法であり、決して日本の警察活動において異常なものではないからである。そして、このような捜査活動は、我々在野法曹が厳しく批判してきたところでもある。

3　オウム事件における犯罪捜査の問題点は、第一に、坂本事件において日本の警察がその保有する科学的合理的な犯罪捜査能力を充分に発揮しなかったことに根本的なものがある、と私は考える。

　これは、別件逮捕、微罪逮捕以上の深刻な問題である。そのような警察捜査の不公正な運営のツケがその後の多くの拉致事件やサリン事件を発生させ、多くの国民を危険にさらすことになったと見られるのである。このような警察捜査の失態を、盗聴・おとり捜査の新規立法の必要性や警察官増員の口実とさせては、断じてならないのである。

第5部
「刑事司法改革」批判

第21章　米英の刑事司法見聞録

I　はじめに

　私は、1990年11月に宮澤節生教授とマルコム・フィーリー教授の尽力により米国カリフォルニア州サンフランシスコの北にあるコントラコスタ郡の司法施設（拘置所・裁判所・公設弁護人事務所）を見聞し、1993年10月に日弁連の刑弁センターの企画により英国のロンドン及びその付近にある司法施設（警察署・拘置所・刑務所）を見学することができた。「百聞は一見にしかず」の諺のとおり、米英の犯罪をめぐる司法制度はわが国と比較すると極めて異なるものであり、被疑者に対する処遇と取調べには文化的理念の差が顕著に認められることに、改めて司法上のカルチャーショックを受けたことを銘記せざるを得ない。
　わが国における、被疑者を逮捕勾留して23日間も拘束したうえ、友人知人との面会を禁じ、時には弁護人との面会をも制限して捜査官が被疑者を取調べができる制度と、米英における被疑者を逮捕しても短時間の取調べしか許されず、しかもその短時間の取調べさえも弁護人の立会や取調べの録音が認められている制度とを対照的に比較して考察してみると、どちらの制度が人権保障の見地から評価して文化的に発展したものと言えるのか。私は複雑な感慨を覚えるのであるが、米英の刑事司法制度を先進的と評価するならば、わが国の刑事司法制度は後進的と評価せざるを得ないところである。このようなことは、人権尊重の理念において国際的にも最もすぐれたものと思われる日本国憲法のもとでは、遺憾の極みと言わなければならない。
　わが国の刑事司法においては、日本国憲法の第31条ないし第40条の定める人身の自由に関する憲法理念が徹底的に形骸化と空洞化がなされてしまった

ことを、今回の海外視察により強く実感した。理念的にはわが日本国憲法においても当然に米英の如き刑事司法が想定されうるところである。

日本では考えられないことであるが、米英では比較的自由に施設内の写真撮影が許された。この点、施設内の写真撮影を全く許さないわが国は閉鎖的であると思われる。以下にその見聞を整理してみよう。

II　米国の刑事司法

米国の刑事司法は、各州と連邦において若干の制度の違いがあるようである。私の見聞した司法機関は、比較的地方にあるコントラコスタ郡の司法機関であった。拘置所と裁判所が一つの建物群の中にあった。

ここの拘置所は、コントラコスタ郡の各警察署から逮捕された被疑者が送られて来て、罪状認否の手続をして裁判官の判断を受けて、釈放又は拘禁継続のいずれかに分けられ、拘禁継続される者は拘置所に収容される。拘置所長の案内で、所内の面会室、被拘禁者の居房や談話室、罪状認否手続のための部屋等を見せてもらうことができたので紹介しよう。

1　面会室

面会室は一般面会室と弁護人面会室があった。一般面会室は、日本のそれと類似しており、被拘禁者と一般面会者とは透明なガラスで仕切られた部屋でガラス越しに面談するようになっていたが、職員の立会人はなく、職員は面会室の外で自由に監視できるようになっていた。

弁護人面会室はガラスの仕切りはなく、円形のテーブルで直接面談ができるようになっていた。写真1が弁護人面会室における弁護人と被告人との面談中の情況を写したものである。

写真1　米国・コントラコスタ郡の拘置所の弁護人面会室。男性が弁護人。

2　娯楽談話室

　拘置所における逃走等の事故防止設備は、日本よりはるかに厳重であったが、所内における被拘禁者の娯楽・休養・運動のための施設は日本よりも自由であり開放的であり充実していた。所内に被拘禁者のロビーのような娯楽談話室があり、そこには自由に集合して誰とでも談話ができ、トランプ遊びをしたり、外部との電話も自由にできるようになっていた。写真2がその部屋（ホール）の情況である。被拘禁者は、いつでも自由に外部と電話連絡ができるということは、日本では考えられないことである。

3　アレイメントの手続

　米国では、被疑者を逮捕して拘禁を継続するときは、すみやかに裁判官の面前に連行して、被疑者の弁解を聞き、拘禁を継続するか釈放するかを決める手続（日本の勾留質問に類似しているようである）があり、これを起訴前のアレイメントと称しており、その手続を裁判官のいる法廷でする場合と、テレビのある部屋に被疑者をおいて裁判官は裁判官室に居たまま発問することができる場合があり、私はその両者を見聞できた。いずれの場合も弁護人が被疑者に付き添っており、被疑者にアドバイスをしていた。日本で言えば勾留質問を裁判官は裁判官室に居たままテレビを利用して発問して被疑者の弁解を聞く

写真2　米国・コントラコスタ郡の拘置所の施設内のロビー。

ということになるが、このようなことも日本では勾留質問に弁護人の立会がないのと同様、その実現は難しいことであろう。

4　その他の印象

　コントラコスタ郡の裁判所において、有罪答弁をした被告人の裁判手続や公訴事実を争う被告人の陪審裁判を見ることができ、また、公設弁護人とも面談することができた。いずれも、本で得ていた知識とは全く異なる刺激を受けて大いに勉強になったことがらが多い。

III　英国の刑事司法

　1　英国では、イングランドにあるベルマーシュ刑務所とロンドンのアーバー警察署を見学した。ベルマーシュ刑務所では既決（受刑者）の収容施設の一部と未決の収容施設を見ることができた。未決（被告人）の収容施設は、逃走防止のための設備は厳重を極めているが、所内における被拘禁者の生活は極めて自由であった。娯楽や運動の設備が比較的完備していること、被拘禁者同士の交流がかなり自由に認められていること（写真3）、居房内の私物（ラジオ、写真、食物等）の利用が広く認められていること、一般面会は大広間にお

いて集団で仕切りもなく、自由に会話できるようになっていること、被拘禁者は外部との電話連絡が自由にできること等が印象に残ることがらであった。日本のような面会時の職員による立会もなく、また短時間に面会を制限されることもなく、自由に面会がなされていた。

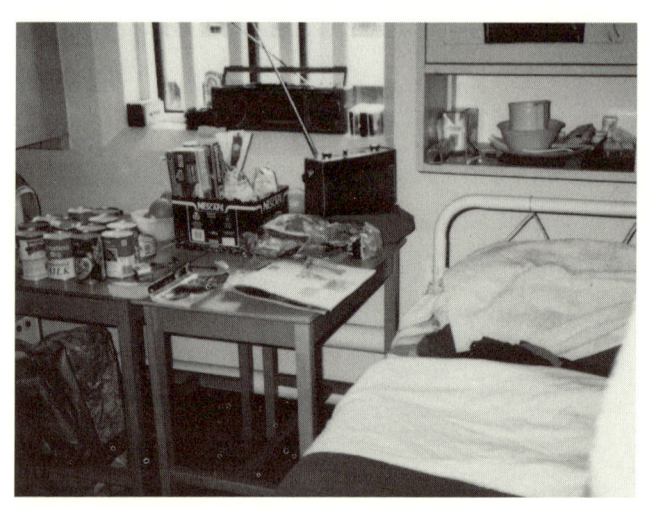

写真3　イングランド・ベルマーシュ刑務所の未決の居房。私物が多くある。

写真4　ベルマーシュ刑務所の弁護人面会室。女性が弁護人。

弁護人との面会室は、米国と同様仕切りのない部屋であり、弁護人と被告人とは直接書類を授受して会話ができるようになっていた。写真4は弁護人と被告人が打ち合わせしているところを写したものである。

2　ロンドン市内のアーバー地区警察署では殺人犯の検挙例の紹介と取調べのテープ録音のできる取調室や留置場の見学を許された。

　英国では、周知の如く、当番弁護士制度が存在していつでも身柄拘束された被疑者への法的援助が可能になっており、弁護人による取調べ立会権も認められている。警察署の取調室の近くの部屋の壁に、無料の法的援助を受けることができる旨のポスターが掲示されており（写真5）、逮捕された被疑者は、警察署内の電話を利用して、直ちに弁護人と連絡して面会にきてもらえるようになっているのである。

　取調べのテープ録音も制度化されており、取調べのビデオ化も行われていた。取調べの録音テープは、3本同時に作成され、うち1本は原本として封印されて保存され、残り2本は裁判所用又は当事者用として利用されるというこ

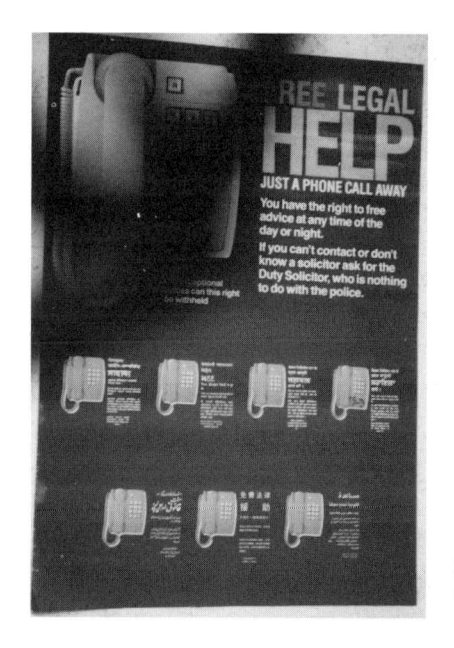

写真5　ロンドンのアーバー署取調室の近くの壁にあったポスター。

第21章　米英の刑事司法見聞録

とである（写真6、7）。

　英国は保守的であり、ヨーロッパの中では、刑事司法でも後進性が残存していると言われるが、少しでも取調べの可視性と合理化に向かって、被疑者の人権を守るために、必死に努力していることは間違いないようであった。

上・写真6　ロンドン・アーバー署のテープ尋問室。
右・写真7　アーバー署内の取調室にあったビデオ機器。

第22章 司法改革をめぐる論争のあり方について

I 司法改革をいかに受容するか

　司法改革の必要性を全く認めない法曹関係者はいないようであるが、その司法改革の必要性を認める場合でも、改革の方向性、改革の内容と程度については、多様な意見に分かれている。現在はその改革の指針を示すものとして、2000年6月12日に公表された司法制度改革審議会意見書（以下、本意見書という）が存するので、この本意見書を中心にして各種の賛否両論が活発に公表され、厳しい議論が展開されている。それはあたかも近代化と国際化から取り残されたわが国の司法に関する維新の幕開けのようである。

　この司法維新に対して、われわれ法曹はどのように積極的にかかわるべきか、一律に決するわけには行かないが、大いに議論し、知恵を出し合って、しかるべき方向を定めて、これを実効化しなければなるまい。

　本意見書に全面的に賛同するか、全面的に反対するのか、それともいい所だけ取り入れるのか、更に革新的な対案を模索するのか、われわれはその可否の基準となすべき決定的な共通の科学的な価値基準がないために、議論が分かれるのは当然であるが、一定の国家的な制度設計の構築である以上、これを議論の分裂のまま放置することは許されず、いずれかの適当な時期にまとめ上げて、その制度を設計し、かつ構築し、運用に供しなければならない。

　本稿は、そのような結論を私なりに示すものではなく（そのような能力もないが）、そのような結論に至るまでには、どのような合理的かつ科学的な議論が必要かを、私の実務法曹家としての体験をもとに、2、3の論点について感想

的意見を述べるものである。

II　法曹人口の増加について

　私は、法曹人口の増加については賛成である。既に私は、弁護士広告の自由化問題が議論された1981年ころに、日本の弁護士は5万人位（当時のアメリカは60万人）必要であると考えていた。
　その理由は、国民の人権を守る活動をするには、あまりにも弁護士が少なく、多くの弁護士は国民からの法的サービスの要求に充分に対応できていないこと、及び競争がないために努力しなくとも弁護士稼業が成立しているのは、法曹全体の発展を阻害しているという私なりの認識があったからである。
　ところが、現在においても、弁護士が増加すれば、弁護士の質の低下を招く、競争が激しくなって食えなくなる弁護士が出てくる等という理由で弁護士の増加に反対する者が多い。
　同業者が多くなれば、その同業者の質が全体として低下するということは科学的根拠のない論理であり、むしろ同業者が多くなればなるほど優秀な者も多くなると考えられ、かつ競争の中で互に自己能力の向上に努力するようになると、私は考えている。従って、結果的に適正な弁護士間の競争は、質の向上に寄与する可能性が大きいと思うのである。
　同業者が多くなれば、食えなくなる者も出てくる（アメリカやドイツでは、タクシー運転手をしている弁護士もいると聞く）ということはやむをえないことであって、その者は法曹としての能力が劣っていると見られても仕方ないであろう。能力もないやる気もない弁護士が、弁護士業で食うことができることの方が正常でないのである。
　いわゆる悪徳弁護士なる者は、弁護士が少ないから相対的に発生する可能性が大きいのであって、弁護士が多くなれば、悪徳弁護士も多くなるという必然性はない、と考えられる。いわゆる市場原理は、良いものを残すという効果が大きい、と信じる。

Ⅲ　司法の民主化と国民参加について

1　司法の民主化と国民参加の一つの方策として、本意見書は刑事司法における重大事件について裁判員制度を提案している。この裁判員制度なるものは、陪審に近いものか、参審に近いものか、よくわからない。

しかし、職業裁判官による弊害を是正するための方策の一つとして考案されたもののようである。本意見書にいうとおり、「裁判内容に国民の健全な社会常識がより反映されるようになることによって……司法はより強固な国民的基盤を得る……」ということにあるならば、この制度は刑事司法のみならず、民事司法にも拡大すべきであり、また重大事件のみに限定する必然性はない。

時間と経費の観点より、一定の限界が存するのはやむを得ないが、それは制度の発展の技術的問題として解決すべきであろう。

2　ところで、裁判員制度については「導入は不可能であり、実現し得るものではない（元高裁判事・大久保太郎）」という厳しい反対意見がある。

また、裁判員制度は不充分であり、陪審制にすべきだという意見もある（「司法制度改革を問う──最終意見書の批判的検討」青年法律家号外2001年10月20日）。更に陪審になれば、誤判が多くなるので反対する意見もある（佐藤博史）。

そして、本意見書は「日本には、冤罪や誤判がないことを大前提にして作られている。驚くべき時代錯誤であり、改革の名に値しない」と酷評する学者もある（庭山英雄）。

そこで、裁判員制度や陪審、参審の是非を論ずるのには、
(1)　誤判を防止しうる裁判制度にはいかなる方策があるか
(2)　国民の健全なる社会的常識を裁判内容に反映させるにはいかなる制度が最も良いのか
(3)　国民の人権を擁護しつつ治安を維持するには、いかなる裁判制度が有効なのか
という視点からの出発が必要のようである。

残念ながら、上記の問題点を解決するための法社会学的な決定的な資料を、われわれは所有していない。従って、その多くは机上の空論に近いものに終始して、各職域出身者によりその職域に有利なように論理が構築されて、互に分裂してしまい、止揚するということが困難になっている。

　刑事司法に限定して、弁護実務の体験から問題点を指摘するならば、令状主義の形骸化、代用監獄制度の弊害、伝聞証拠の無限定に近い採用、捜査官作成の書証に対する裁判官の限りない依存性と親和性、結果としての冤罪防止機能の減退等を日常的に実感として有しているので、これらの司法病理現象に対する処方をいかにすべきか、という観点より司法改革を論じて欲しいと切望するところである。

　このような現場からの体験に基づき本意見書の内容を見ると、残念ながら現状の司法病理現象に対する有効な処方としての施策は、欠如しているように思われる。

　わが国の刑事司法は有効に機能していると自画自賛している司法官僚の鉄の如き壁を打破するのは、まず困難ということであろうか。

　糾問的捜査から脱却するための捜査の近代化と合理化、人質司法から公正な司法の実現のための方策の探求等の視点は、国民の司法参加によって実現しうる課題ではなく、人権尊重主義を基調とする日本国憲法の理念を充実させる法理論の徹底により実現しうるものであると思う。

　そのためには刑事訴訟法の抜本的な改正が必要であるが、そのような提言のない本意見書は、刑事司法に関する限り大きな期待はできないであろう。

Ⅳ　われわれは、本意見書にいかに対応すべきか

　本意見書は、刑事司法についてみれば、日弁連が策定した刑事司法に関する「アクションプログラム（1995年10月策定）」と比較すると、その改革の度合いが小さく、断絶の大きいことに驚くであろう。

　従って、われわれが議論して策定した上記アクションプログラムを基準に、本意見書を批判するならば、被疑者の公的弁護制度を除き、本意見書に絶望

して、これを唾棄すべきものとなるであろう。

　何故なら、アクションプログラムにおいて具体的に日弁連が提唱した刑事司法の改善策は、殆ど採用されていないからである。

　即ち、本意見書は、国際的に批判されている刑事司法におけるわが国の非近代的な諸制度の温存をはかっている。そして、本意見書は現状の刑事司法制度を固定して、裁判員制度と言う奇異な制度を導入して微温的改革をする如く見せかけている羊頭狗肉の欺瞞策のように思われる。

　しかし、このような裁判員制度でも、現状を少しでも改革することに寄与するのではないかと期待して、代用監獄廃止、伝聞証拠排除の徹底、全面的な証拠開示、起訴前保釈の採用等を前提に、その採用を是とする意見もある。

　これは、倒錯した議論である。代用監獄廃止、伝聞証拠排除の徹底、全面的な証拠開示、起訴前の保釈の採用等の問題は、刑訴法の大改正を前提とするから、仮にかかる大改正が実現するならば、むしろ裁判員制度が不要になるとも思われるのである。

　裁判員制度の擁護論者は、これを契機にして刑訴法大改正を期待しているならば、甘い見通しといわざるを得ない。むしろ今こそ憲法理念に適合するように刑訴法の大改正をするようにわれわれの策定したアクションプログラムに即して、端的に真の改革を提言すべきであると思うのである。

第23章　刑事司法改革の問題状況

I　はじめに

　刑事司法は、現在大きな転換期を迎えようとしている。司法制度改革審議会の意見書の内容に従って司法制度が改革されようとしているが、その具体的な制度設計や立法準備は、内閣府の司法制度改革推進本部に11の検討会が設けられて、論点整理や立法の方向づけの選択等の作業が精力的に展開されている。そのうち本稿は、刑事司法に関する問題状況の一部を取り上げて報告し、多くの方の議論を喚起したいと願うものである。

II　刑事司法改革の大きな問題点

　司法制度改革の中でも、最も意見の対立の厳しいのは刑事司法の分野である。改革を最小限に抑えようとする現状維持派と、抜本的な改革を実現しようとする革新派の鮮明なる対立がある。前者は現行刑事司法制度をできるだけ温存し、微温的な小改革に止めようとする法務検察側の主張するものであり、後者は在野法曹側の主張するものである。
　この対立の源泉は、現在の刑事司法の実務が憲法的な人権尊重の理念を実現しているとみるかどうか、という根本的な根深いところにある。現行の刑事司法は概ね良好に機能していると評価する法務検察側と、現行の刑事司法は形骸化して機能不全になっていると評価する在野法曹との、大きな認識の不一致である。このような深刻な対立が検討会においても強く反映しているようである。従って、在野法曹としては検討会での議論状況を注意深く監視して、日弁連の目標とする民主的な刑事司法改革が実現する様に、あらゆる方策を

つくして運動する必要がある。

III　裁判員制度と刑事訴訟の改革

1　裁判員制度は、刑事裁判に限り制度化されようとしているが、その対象事件、裁判員の員数と選定や評議の仕方等についても議論が分かれている。その議論の分岐点は、裁判員を裁判する主体としていかに重要視するかという認識の差にある。現在の職業的裁判官でも適正な事実認定がなされているとする官僚法曹側は、その対象事件を極力制限し、裁判員の員数を相対的に少なくしようとしているようであり、在野法曹側は、対象事件を多くし、かつ裁判員の員数を相対的に多くして裁判員の評議を価値あるものと扱う方策を提案している。

2　裁判員制度は、必然的に迅速な集中審理を前提とするので、そのためには現行刑事訴訟法の改正も必要となる。この裁判員制度の実施に伴う刑事訴訟法の改正をどの程度にするかについても厳しい対立がある。

　在野法曹側は、起訴前保釈制度、捜査可視化と接見交通の自由化、証拠の全面開示、証拠法則の見直し等を主張しているが、官僚法曹側は刑事訴訟法の改正は必要最小限に止めようと主張しているようである。

　私は、刑事訴訟法の抜本的改正をしないで裁判員制度を実施したならば、裁判の迅速化のもとで、被疑者・被告人の防御権は限りなく制限されて、刑事裁判の形骸化はさらに促進するだろうと予想するものであるが、このような事態は絶対に防止する必要があると考える。従って、国際的に孤立している我が国の刑事司法を近代化、国際化するためには、刑事訴訟法を抜本的に改正したうえでの裁判員制度を創設すべきであると考えている。在野法曹は、この点特に一致団結して、刑事司法改革の本来の目的の実現のために努力する必要がある。

Ⅳ　被疑者の公的弁護制度

1　被疑者の公的弁護制度も、その運営主体、対象事件の範囲等をめぐって、検討会でも意見が分かれているようである。

　被疑者の弁護人の報酬を公費でもって支給して、これを選任することは憲法の要請するところであると考えるが、その公的弁護制度を運営する主体をどのようにするか、対象事件をどうするか、報酬の支払や金額をどうするか。特に現時点では、日弁連の主張する運営主体を裁判所又はその附設機関とする提案は、法務省の提案する独立行政法人構想の前で、その実現を阻止されようとしているようである。この問題は、刑事弁護の自由独立性を確保するためには、いかなる管理運営機構が必要かという理念と、公費の公正な運用という、時には微妙に対立する場合の調整をどうするか、という観点から決められるべきことであろう。

　在野法曹の中には、国が弁護報酬を支払うので、弁護活動の自由と独立性も管理され統制されるのではないかと危惧する者もいるが、このような刑事弁護の国営化ともいうべき事態の到来は防止すべきであることは言うまでもないことである。

2　被疑者の公的弁護制度も、現時点ではその具体的な構想自体明確になっているわけではなく、様々な論点に関して議論中というところではあるが、在野法曹側の運動や政治力が貧弱であると、法務省に都合のよい内容のものが作られるおそれがある。弁護士も、その動向については厳しく注視して、積極的に意見を表明して欲しいと願うものである。

第24章　被逮捕者の警察留置場における留置処遇について立法は必要ないのか

I　はじめに

　被逮捕者が逮捕後勾留されるまで留置される場合の処遇について、その留置場所が拘置所である場合には監獄法が適用されるが、その留置場所が警察留置場（以下、単に留置場という）である場合には適用する法律がなく、現行実務上は国家公安委員会の定めた被疑者留置規則によって処遇されている。即ち、留置場における被逮捕者の処遇は、現在無法状態なのである。このこと自体、憲法31条に違反する可能性がある[*1]。

　また、留置場における被逮捕者の留置処遇に関する理論上の前提として、留置場は代用監獄なのか、本来的な収容施設なのか、という学説上の争いがある[*2]。この点に関して警察の関係者は、逮捕留置した被疑者が勾留されるまで収容する留置場は逮捕に伴う本来的な収容施設であって、監獄法の適用を受けないと主張して、代用監獄説を強く否定している[*3]。

　例えば、吉田昭氏は次のとおり主張している[*4]。

　「そもそも警察留置場が代用監獄として指定される機会というのは、法律上は法64条の勾留のときだけである。それ以外に勝手に代用監獄を自称することは許されないと思う。逮捕後の身柄拘束場所は、法律には何も定めていないのだから、法律上はどこであってもよいはずである（ただし、被疑者留置規則6条参照）。だから、逮捕状には、被疑者の留置場所は記載されていないのである。

　結局、逮捕後どこの署の留置場に身柄を置こうと、それは刑事訴訟法の関

知しないところであり、根拠法条を法209条、74条に求めるのは誤りである。法209条、74条は、代用でない本物の監獄に仮留置し得ることを定めたものと解すべきである。」

そして、実務は、前記本来的収容説に従って被逮捕者の留置の処遇がなされているのである。これに対して、代用監獄説は監獄法の適用を主張しているようでもあるが、代用監獄廃止論との関連があるため、適用法令については明確ではない。特に留置施設法案の必要性については、政策論と法理論が複雑に交差して理論展開において不充分さが目につく。それは、留置施設法案を容認すると代用監獄制度を恒久的に認知することになるという連想に拘束されているからであろうか。

そこで、日弁連の中における拘禁二法案の対策をめぐる議論において「被逮捕者に対しては、刑訴法209条が準用する74条・75条の場合を除いて施設収容を予定していない以上、留置施設法のような立法は不要である」[5]「警察留置場に留置された被逮捕者の処遇について法律を制定する必要はない。日弁連刑事処遇法は刑事施設の被収容者に限り、警察留置場に留置された被逮捕者に対して適用しない。」[6]という主張がなされている。この主張は前記本来的収容説に対する対応を欠いているように思われる。

II　留置場における被逮捕者留置と処遇

1　被逮捕者は、逮捕された場合は直ちに検察官又は司法警察員に引致されることになっているが、引致後の留置場所については現行犯逮捕においても通常逮捕においても指定されることはないので、引致後の留置場所については法律上の制限はない[7]。実務においては、検察事務官が逮捕して検察官に引致した場合及び検察官が直接逮捕した場合の逮捕留置場所は拘置所であり、司法巡査が逮捕して司法警察員に引致した場合及び司法警察員が直接逮捕した場合の留置場所は留置場のようである。そして、いずれの場合においても引致場所と留置場所が異なる場合が多い。そこで、逮捕引致後勾留までの被疑者の留置を特定場所において容認する限り、その留置中の処遇上の法的根拠

が必要となる。これは、憲法31条の要請するところである。

　新法案において、逮捕引致後刑事施設に留置された場合は刑事施設法が適用され、逮捕引致後留置施設に留置された場合には、いかなる法律が適用されるべきか。被逮捕者について、留置施設に留置することを短時間でも認めないならば別論であるが、留置施設において短時間でも被逮捕者の収容を認める以上、その間の処遇についての法律が必要であるとするのが、私の意見である。これは勾留被疑者の代用刑事施設（代用監獄）の存否にかかわらない理屈である。いかに被疑者の逮捕後における勾留請求までの時限を短く制限しようが、数時間でも留置施設（留置場）に被疑者を収容留置することがありうるならば（仮に留置場に収容せずとも取調室において数時間でも拘束して留置する場合も同様である）、その留置継続中における処遇については法律で定めて被疑者を保護すべきであると考える。無法状態であってはならないのである。

2　被逮捕者の引致後の勾留されるまでの留置期間を極力短時間に制限すれば留置施設における処遇法は不要の如く主張するのは、刑訴法上の取調べの問題と留置目的を混同しており、逮捕後の留置自体又は留置場の設置自体を否定するならばともかく、留置施設（留置場）の存在を前提にして短時間でも被疑者の留置自体を認める以上、理論上の整合性もなく、現実的な議論でもないように思われる。

　取調べと留置処遇は密接に関連交錯する問題であるが、次元の異なる問題である。取調べは刑事訴訟法上の問題であり、留置処遇は刑事訴訟法の問題ではなく、刑事処遇法（監獄法）の問題である。そして、逮捕であれ勾留であれ、72時間以内又は10日間以上身柄を継続して拘束するものであるから、その拘束時間の長短にかかわらず、その間の被拘束者の処遇を法律をもって定めるべきであることは、憲法31条の要請するところである。従って、留置場の被逮捕者の処遇を定めた法律のないことは、法治主義の原理からみて極めて不適切な状態であるという留置施設法案の必要性を説く警察関係者の論拠・8自体は、全面的には否定できないと思われる。

いわゆる代用監獄制度（勾留被疑者を留置場に留置する場合）を将来廃止したとしても、留置施設における勾留前の逮捕された被疑者の収容又は留置がありうるならば、これに対する処遇法は必要になるものと考えるのである。その立法形式は、留置施設法の如き独立法にするのか、刑事処遇法の中に取り入れるかは、法務行政と警察行政の権限が微妙に拮抗する立法政策の問題である。

［注］

*1　『第二東京弁護士会人権擁護委員会・調査報告書』第二東京弁護士会会報143号（昭和48年5月15日）7頁。被疑者留置規則は、法律の根拠のない一方的な行政立法であり、憲法31条、36条、76条の各条項に違反している、と断言している。

*2　酒井安行「被逮捕者留置の性質について」国士舘法学第21号（1990年）45頁。
　　福井厚「代用監獄」井戸田侃ほか編『総合研究＝被疑者取調べ』（日本評論社、1991年）438頁。

*3　吉田昭『捜査手続法精義　判例学説中心』（東京法令出版、1989年）707頁、985頁、倉田潤「警察と留置業務」河上和雄ほか編『講座日本の警察　第1巻』（立花書房、1993年）608頁。

*4　前掲注3・吉田論文707頁。

*5　日弁連被逮捕者問題小委員会・報告書（1996年11月6日付・未公刊）。

*6　東弁拘禁二法案対策本部・報告書（案）（1997年11月7日付・未公刊）。

*7　引致場所は本来的には留置場所であると解すべきであるとする学説はある（新関雅夫ほか『新版 令状基本問題』（一粒社、1986年）124頁。

*8　前掲注3・倉田論文参照。

第25章　監獄法改廃に関する反対運動について
——冤罪の温床を公認した法案に反対しない日弁連

I　はじめに

　「刑事施設及び受刑者の処遇等に関する法律の一部を改正する法律」により、「刑事収容施設及び被収容者等の処遇に関する法律（以下、本法という）」が、2006年3月24日国会に上程されて成立し、同年6月8日に公布され、その1年以内に施行予定とされている。本法は、旧監獄法の改正法として成立した「刑事施設ニ於ケル刑事被告人ノ収容等ニ関スル法律（刑事被告人収容法ともいう）」とともに、2005年成立した「刑事施設及び受刑者の処遇等に関する法律（2006年5月24日施行）」に、未決の処遇も取り入れて改正したものである。

　本法によれば、刑事収容施設として、刑事施設、留置施設、海上保安留置施設の3施設の存在を前提として（本法1条）、未決被拘禁者（被逮捕者は当然留置）のうち被勾留者を、「刑事施設に収容することに代えて」、都道府県警察の設置する留置施設に留置することができると規定し（本法14条2項・15条1項）、いわゆる旧監獄法の代用監獄（代監ともいう。現行法の刑事被告人収容法では代用刑事施設）が、留置施設として制限もなく存続利用される内容となっている。

　上記本法の各規定を素直に認識する限り、警察は無条件に留置施設を設置して、刑事施設に収容することに代えて被勾留者を留置施設に収容することは、何らの制限もなく明文をもって許容されることになった、と理解される。従前より論争されて来た、警察留置場の設置根拠や代用監獄の運営の根拠、

被逮捕者処遇の論拠と態様等に関する多様な論争について、本法をもって法的な決着をつけたのであり、旧監獄法の代用監獄を、未決拘禁用の留置施設として法律上も公認して、安定固定化したのである。

即ち、本法は、旧監獄法の代用監獄を、被勾留者について刑事施設の代替収容施設たる留置施設として恒久化したものにほかならない。これを前提にして、本法の是非を論評すべきである。

日弁連の会長声明等の公式意見によれば、代用監獄は格上げされておらず、代用性は維持された等と評価しているが、明らかな誤りであり、著しい誤導である。本稿は、その監獄法改廃を巡る日弁連の異常な変節と行動について論評するものである。

II　日弁連の態度の自己矛盾

1　日弁連は本法について、法案として公表されたとき、2006年3月10日付の会長談話を発表している（末尾資料参照）。その会長談話において、「代用監獄の廃止・漸減は先送りされた」、「留置施設の代用性を明確化し」、「法案が代用監獄の廃止・漸減の方向性を示すに至らず」と評価しつつ、その数行後に、「代用監獄を恒久化・永続化するものではないと評価することができる」と評価している。これは幼稚にして不可解なコメントであり、論理自体に整合性がないというべきである。

私は、この会長談話に接したとき、大きなショックを受けて、日弁連は法務省の翼賛機関になったのかと疑った位である。何故なら、会長談話には故意と思われる催眠商法に近いごまかしがあったからである。その部分を次に摘示する。

第1に、「法案は留置施設の代用性を明確化し」とあるが、これが本法15条の「刑事施設に収容することに代えて」とあるのをいうものとすれば、正確な認識ではない。本法は、「留置施設の代用性」を明確化したのではなく、留置施設における収容についての「代替収容性」を明確化したものである。

留置施設における「代用性」と「代替収容性」は、本質的に異なるものと思わ

れる。いわゆる施設の代用性とは、施設の資格地位の問題であり、代替収容は利用上の根拠の問題である。本法14条は、逮捕勾留された者を留置する施設として警察に留置施設を設置する旨を定めており、なんらの制限も付していない。これは、意識的に「代用性」を否定したものと理解されるのである。本法14条から留置施設の代用性を導くことは困難である。代替収容性を、代用性にすり替えてごまかしてはならない。本法14条は、従前の代用監獄における多様な法的論争に決着をつけて、これを法的に安定化固定して、恒久化したものであることは否定できない。

　第2に、「代用監獄の廃止・漸減の方向性を示さなかった」ということは、「代用監獄を恒久化・永続化したもの」というべきである。しかるに、「代用監獄を恒久化、永続化したものではない」と評価することは、見え透いた誤導である。

　第3に、「代用監獄の廃止・漸減は先送りしようとしている」と言うが、本法は代用監獄に相当する代用刑事施設の廃止・漸減について、一顧だにしていないことが明らかであるから、代用監獄の廃止・漸減の問題を先送りしたものではなく、この問題を先送りせず、むしろ本法をもって旧代用監獄たる代用刑事施設について廃止・漸減しないことを明らかにしたものと言うべきであるのみならず、次々と大規模留置場を増設することを許容したものと言うべきである。

　これが本法の態度であり目的であると私は思う。従って、上記会長談話は故意に欺瞞的評価をして、日弁連としては、従前の代用監獄反対運動を突如放棄してその廃案を求めないことを、恥じることなく暗示していた。私としては、代監絶対反対を主張して来た日弁連が、何故このようになったのか、その経由を知りたい。

2　日弁連は、監獄法体系の改正について、刑事施設法案と留置施設法案（いわゆる拘禁二法案）が国会に上程されたとき、冤罪の温床たる代用監獄を恒久化するものとして、その二法案に絶対反対の態度を堅持して、廃案の運動をして3度廃案せしめて来た。その廃案を求める日弁連の決議には、次のようなものがある。

① 昭和57（1982）年5月29日　第33回総会決議

　捜査機関が被勾留者の身柄を管理する代用監獄は、構造的に自白の強要等重大な人権侵害をもたらし、現にその事例が跡を絶たない。法制審議会が答申した「監獄法改正の骨子となる要綱」が、その廃止を目指して漸減を明記した所為である。しかるに政府が今国会に提出した「留置施設法」案は、右「要綱」に反し、代用監獄の恒久化を図るほか、右「要綱」にもみられなかった「罪証の隠滅の防止」を理由として弁護人の接見交通権を不当に制限するなど内容の不当性からも直ちに廃案とすべきである。——以下、省略——

② 昭和58（1983）年5月28日　第34回定期総会決議

　当連合会は、昨年の国会上程以来、両法案に内在する問題点と危険性を指摘して、留置施設法案については直ちに廃案を、刑事施設法案については抜本的改正なき限り廃案を求めて運動をしてきた。

　両法案は、現在国会において継続審査となっているが、当連合会は、今後もこれまでの立場を堅持して、引き続き会内意思の統一を強め、国民の理解と協力を求める運動を進めるとともに、その一環として法務省との意見交換を進め、法案の阻止をはかり、あらためて、真にあるべき監獄法の改正の実現を期するものである。

③ 昭和62（1987）年11月7日　第30回人権擁護大会決議

　第1に、二法案は、代用監獄の将来廃止について何らその方向を示していないばかりか、かえってこれを永続・固定化するものである。これは、国際的趨勢に逆行するのみならず、代用監獄における虚偽の自白の強要によって死刑の判決をうけた免田、財田川、松山、島田の各再審冤罪事件等の教訓を無視するものである。——中略——われわれは、被拘禁者の人権保障のため率先して現行監獄法の改正を求めてきたものであるが、今回の二法案の内容は、近代化、国際化、法律化の原則に照らして不十分であるうえ、右のように、人権擁護のうえから看過できない基本的な重大問題を有しており、二法案がこのまま成立することに強く反対するとともに、あるべき監獄法改正を目ざして全力を尽くすものである。

④ 平成2（1990）年9月28日　第33回人権擁護大会決議

——前略——

　われわれは、このように拘禁二法案の再々提出には強く反対するとともに、広く世論と国会に訴えて代用監獄の早期廃止の実現をはかり、さらに刑事司法改革の一環として、近代的な新しい行刑法案の検討の事業を進めてゆくものである。

3　以上の日弁連の各決議によれば、当時の拘禁二法案（特に留置施設法案）は冤罪の温床である従来の代用監獄を恒久化するものである故に、廃案以外の選択肢がないものとして、反対運動を展開していたのである。

　本法のコメントにおいても、日弁連は、留置施設法案は悪法であったので廃案にした如く説明しているが（第57回定期総会議案書13頁）、本法は、代用監獄（現在、代用刑事施設）に関する限り、留置施設法案より悪法であるというべきである。何故なら、留置施設を刑事収容施設として格上げし、その代用性を否定し、更にこれを廃止漸減せず永続化することを示しているからである。

　ところが、本法の法案が公表されるや、日弁連はこれを擁護するような態度に変わってしまった。日弁連は従前の代用監獄が冤罪と人権侵害の温床であることの認識を放棄したのか、これを留置施設として恒久化する本法に対する日弁連のコメント等には、「廃案」や「冤罪の温床」等の用語が脱落してしまった。これでいいのであろうか。今迄の前記各廃案決議の行動理念を、放棄したということであろうか。そこに苦渋の選択があったならば、その苦渋の内容を明らかにして欲しいと思う。

　冤罪の温床とされた代用監獄、国際人権法に違反する代用監獄、この代用監獄を留置施設として恒久化する本法について、表面的には代用監獄の廃止を求めると言いつつ、本法の廃案を求めようとしなかった日弁連の無節操な変節と妥協を、心ある者は奇異と思うであろう。

III　おわりに

　本法は、外部交通の拡大、処遇の改善、監視機関の設置等において、未決の刑事被告人収容法の現行法を改善しているので、このような改善条項を維持するには、廃案にすべきではないという意見があった。しかし、これは甘い言葉で代監反対運動の空疎化を招くものである。
　日弁連が冤罪の温床たる代用監獄を容認できないとする以上、本法の廃案を求める以外に選択肢はないはずであった。従って、本法の廃案又は修正を求めなかった日弁連の本法成立を巡る欺瞞的言動は、むしろ代用監獄を留置施設として温存することを擁護することに手を貸したものとして、消しがたい禍根を残し、将来に及んで内外の批判を受けるであろう。

［資料］
　　　　　　　未決拘禁法案の閣議決定にあたっての会長談話

　未決拘禁法案（「刑事施設及び受刑者の処遇等に関する法律の一部を改正する法律案」）が本日、閣議決定され、国会に提出されることとなった。
　代用監獄の廃止を長年求めてきた当連合会としては、今回の法案が代用監獄の廃止・漸減の方向性を示すに至らず、問題が先送りされたことは誠に遺憾である。
　しかし、法案は、留置施設の代用性を明確化し、それを受けて、法務大臣が国家公安委員会に対し留置施設の運営状況について説明を求め、代替収容された被留置者の処遇について意見を述べることができる旨規定され、費用償還法も維持された。また、未決拘禁者の処遇等に関する有識者会議の提言では、代用監獄について、「今後、刑事司法制度の在り方を検討する際には、取調べを含む捜査の在り方に加え、代用刑事施設制度の在り方についても、刑事手続全体との関連の中で、検討を怠ってはならない」とされた。昨年の受刑者処遇法成立から今回の法案策定に至る経過を踏まえると、代用監獄を恒久化、永続化するものではないと評価することができる。
　また、刑事施設視察委員会と同様に警察留置場についても視察委員会が設置されること、拘置所における弁護人の夜間・休日接見が実現することなど、今回の法案には評価すべき点も多い。法案には規定されていないものの、電話・ファックスを利用した弁護人との外部交通が一部地域において実施される見通しとなっていることも評価できる。視察委員会の実効性ある運営や、電話（テレビ電話を含む。）・ファックス使用の全国展開などを求め、その実現を図る必要がある。

2009年には裁判員制度が実現する。調書裁判から公判中心の口頭主義、直接主義への転換が迫られている。今こそ、刑事訴訟制度全体の見直しの中で、代用監獄の廃止・漸減に向けての検討を開始することが求められている。

　当連合会は、「取調べを含む捜査の在り方」（取調べの可視化、取調べの時間制限など）、過剰拘禁対策、勾留・保釈要件の見直し、起訴前保釈制度の導入など、刑事裁判手続全体の総合的改革の中で、代用監獄の廃止・漸減に道筋をつけるよう、総力を挙げて取り組むものである。

2006（平成18）年3月10日
日本弁護士連合会
会長　梶谷　剛

第26章　刑事即決裁判手続について

I　被告人に有利な簡易刑事裁判手続の必要性

1　刑事裁判の被告人は、有罪を是認する場合にしても、無罪を主張する場合においても、迅速かつ適正な判決を求めている者が多い。被告人の刑の執行猶予期間の満了期間が近い場合や服役終了後5年間の期間満了直前の場合には、再度の刑の執行猶予の判決の資格を得るために、判決の言い渡しの時期を先延ばしにするために努力することもあるが、このような場合は例外的である。殆どの被告人は、迅速かつ適正な判決を求めていることは間違いない。

　ところが、刑事裁判において、迅速性のみを追求すると適正な手続が損なわれることもあり、また適正な手続きのみを追求すると迅速性が失われることもある。このように、刑事裁判における迅速性と適正手続は相対立することがあるので、その調整と調和の到達点をいかに設定するかは、極めて困難な問題である。それは、裁判官の能力と当事者の納得性という具体的個性的な側面を背景とする故に、単なる手続の合理化とか訴訟経済の合理化という観点からの検討のみでは解決できない問題である。

　本稿は、現実の刑事裁判自体が、迅速性も不充分な場合があり、適正手続の実現も不充分な場合があり、正義の実現も不充分である場合が少なくないという情況を前提にして、不充分ながらも被告人の利益になるような現実的な刑事裁判は構想できないかという観点より、若干の私見を明らかにするものである。

2　多くの刑事被告人は、犯行の認否にかかわらず、保釈の許可も受けられず、公開の法廷に手錠をかけられたまま連行されて出廷しており、恥辱の思い

でいる。無罪の被告人は、このような哀れな姿を公衆の前にさらしたくないと思っているので、かかる場面から一刻も早く解放されたいと願っている。また、有罪を認めている被告人の場合は、速やかに適正な刑罰を受けて贖罪をしたいと願う者もいる。時には、真実無実であったとしても、罰金又は刑の執行猶予等の軽い判決を得ることが確実ならば、無罪判決を得ることが極めて困難であるという現実に即して妥協し、労力と経費の節減のために事実を争わずに判決を受けることもあろう。

　以上のとおり、正式な裁判を経由せずに、起訴と同時又は起訴後すみやかに被告人にとって利益となる判決を得たいと願っている場合は多い。この被告人の切実な要望を実現するにはどうすればよいか。

II　即決裁判手続の提案内容について

1　司法制度改革推進本部の刑事検討会は、刑事裁判における即決裁判手続を検討している。その即決裁判手続とは、次のようなものである（平成15年9月22日の司法制度改革推進本部。第26回刑事検討会資料より）。

①　検察官は、捜査の結果、被疑者が被疑事実を認めており、かつ事案の性質、公判において取調べを必要とする証拠の内容・量等にかんがみ、当該事件の審理につき、即決裁判手続によることが相当と思料するときは、被疑者に対し、当該手続によることについて異議がないかどうかを確かめるものとする。弁護人がいるときは、当該弁護人にも異議がないかどうかを確かめるものとする。

②　被疑者又は弁護人は、当該手続によることについて異議がない時は、書面でその旨を明らかにしなければならないものとする。

③　検察官は、①において、被疑者及び弁護人に異議がないときは、公訴の提起と同時に、書面で即決裁判手続の申立てをすることができるものとする。その場合、②の書面を添付しなければならないものとする。

④　即決裁判手続の決定があった事件の審理は、刑事訴訟法第291条の2（簡易公判手続）の決定があった事件と同様の手続によるものとする。

⑤　裁判所は、即決裁判手続による審理を行ったときは、原則としてその期日に結審し、即日判決を言い渡すものとする。
⑥　即決裁判手続においては、罰金刑以下の刑を科する場合を除き、実刑を科することはできないものとする。

2　上記即決裁判手続によれば、検察官は被疑者又は弁護人の異議のない場合には、即決裁判手続の申立をして、裁判所はその申立が相当である時は、即決裁判手続による審理をする旨決定して、その審理を行った時は、即日、罰金又は刑の執行猶予の判決をすることになる。

そして、かかる即決裁判手続を実施するためには、被告人の国選弁護人の迅速な選任及びすみやかな取調請求予定の証拠の開示がなされるべきことも提言している。

日弁連は、上記提案に対して、被疑者の公的弁護制度の実施と全面的な証拠開示等を前提として、概ね賛同する旨の意見を表明している。

私も、上記のような即決裁判手続には原則として賛成であるが、被告人に有利な場合は更に裁判の簡易性と迅速性を徹底すべきであると考えている。

III　即決裁判手続の問題点

上記即決裁判手続は、憲法所定の公開裁判の原則と伝聞証拠排除原則（憲法37条）、自白法則（憲法38条）等に反しないのか、理論上問題となるが、被疑者にとっても有利な手続として構想されているものであり、被疑者にとって不利な場合には、その手続に対し異議を述べて反対すれば足りる。従って本手続は、被疑者が即決裁判手続を異議なく選択した場合に実施される簡易裁判手続であるので、その異議の有無の判断が公正な方法でなされることが制度的に保障される必要があろう。

被疑者又は弁護人が、公正な方法で異議なく即決裁判手続を選択した場合を前提にして、刑の軽重を問わず、全ての犯罪にこの手続を適用してよいと考えるが、私の意見は次のとおりである。

① 弁護人又は被疑者にも、即決裁判手続の申立権を認めるべきである。

　これは、犯罪事実を否認のまま起訴された被告人が否認を撤回して自白する場合や、異議を撤回して即決裁判手続を選択したい場合に必要である。この被疑者側の申立権は、起訴と同時にすることは困難である場合もあるから、起訴後5日以内としたらどうであろうか。

② 量刑による制限を設けるべきではない。

　本提案は、判決において罰金刑又は自由刑の執行猶予がなされる場合に限定しているが、被疑者が望む場合には、実刑判決が予想されるときでも、即決裁判手続によって審理して終結させるべきである。実刑が免れない場合であっても、被告人としては、寛大な判決を期待できるときは、すみやかに判決を受けて贖罪服役を望む場合も少なくないのである

③ 判決宣告があるまでは、被告人の申立によりいつでも正式裁判手続に移行することを認めるべきである。

　即決裁判手続は、被疑者の異議のない場合に起訴と同時に検察官がその申立をするものとされているが、その起訴後判決までの間に、被告人が異議ない旨の意思を撤回して正式な裁判手続に移行する申立を認めるべきである。このような場合は、起訴後自白を撤回して否認に転向するときに必要となる。本案でも、公判期日に先立って弁護人・被告人が同手続に異議のある場合には、同手続によって審理する旨の決定はできないとされているが、その決定後も判決の告知があるまでは（即日判決であっても）、被告人側の申立による正式裁判手続への移行を認めるべきである。

④ 即決裁判手続による判決は、原則として起訴後2週間以内になされるべきである。

　このような期限は実刑判決にならない被告人の早期釈放と実刑が予想される被告人の心情の早期安定のために必要である。可能ならば起訴後数日以内に判決することが望ましい。

⑤ 判決に対する不服申立を容易にすべきである。

本提案では、即決裁判手続による判決に対しては、控訴を制限する説と控訴を制限しない説との両説をあげており、いずれが妥当か結論を出していない。私は、即決裁判手続を広く認めることを前提にして、その判決に対する不服申立も簡易な方法で広く認めるべきであると考えている。即ち、現行の略式命令に対する正式裁判の請求又は民事の手形判決に対する異議申立のように、通常の控訴ではなく、即決裁判手続による判決に対して不服がある被告人の場合には、なお一審手続において正式な充実した審理の機会をその被告人に対してのみ改めて与えるべきであると考える。

　私の考えは、刑事被告人に対して、被告人が異議のない場合には、ラフで簡易な手続による判決を広く認める代わりに、その判決結果に対して不服がある被告人に対しては、簡易な不服申し立ての手続を広く認めようとするものである。従って、検察官の不服申立は禁じるべきであるが、即決裁判手続による判決に対する被告人の控訴を制限する考えには賛成できない。

IV　おわりに

　本稿は、有罪答弁をした被告人に対して、証拠調べを省略して量刑するアレインメント制度の導入を意図しているのではない。私は、アレインメント制度を導入すべきであると考えているが、取調べの可視化も実現せず、証拠開示も制限されている現状では、アレインメントの導入は時期尚早と言わざるを得ない。しかし、即決裁判手続は、被疑者・被告人の利益になる限度で、これを様々な工夫をして制度化すべきであると考える。抽象的な原理原則にこだわらずに、被告人に有利となる合理的にして迅速な刑事裁判手続の実現を目指して、深く広く議論することを期待したい。本稿は雑駁であるが、その波紋の一石となれば幸いである。

若松芳也（わかまつ・よしや）
弁護士。1938年5月青森県生まれ。
1965年、中央大学通信教育部卒業。
1968年、司法試験合格。
1971年4月、大阪弁護士会登録。
1976年4月、京都弁護士会に登録換えして現在に至る。

苦闘の刑事弁護

2007年11月1日 第1版第1刷発行

著　者：若松芳也
発行人：成澤壽信
編集人：桑山亜也
発行所：株式会社現代人文社
　　　　〒160-0004 東京都新宿区四谷2-10 八ッ橋ビル7階
　　　　電　話：03-5379-0307（代表）　FAX：03-5379-5388
　　　　E-mail：hensyu@genjin.jp（代表）/hanbai@genjin.jp（販売）
　　　　Web：http://www.genjin.jp
　　　　振　替：00130-3-52366
発売所：株式会社大学図書
印刷所：株式会社シナノ
装　幀：Malpu Design（黒瀬章夫）

検印省略　PRINTED IN JAPAN
ISBN 978-4-87798-345-1 C3032
Ⓒ Yoshiya Wakamatsu 2007

本書の一部あるいは全部を無断で複写・転載・転訳載などをすること、または磁気媒体等に入力することは、法律で認められた場合を除き、著作者および出版者の権利の侵害となりますので、これらの行為をする場合には、あらかじめ小社または編集者宛に承諾を求めてください。